Liebe Leserinnen, liebe Leser!

Das Allgäu ist eines der Top-Reiseziele in Deutschland. Und wen wundert's angesichts der Vielseitigkeit. Das westliche Allgäu, das sich sanft zum Bodensee absenkt, bezaubert mit so hübschen Städtchen wie Wangen, Oberstaufen und Lindau. An Füssen mit den nahen Märchenschlössern oder Ottobeuren mit seinem gewaltigen barocken Kloster kommt ohnehin niemand vorbei. Und die Allgäuer Alpen rund um Oberstdorf und das Kleinwalsertal sind schon lange das Ziel von Erholungsuchenden, von Berg- und Wintersportlern.

„Da ist das grüne, hügelige Voralpenland, dann die steilen Hochalpen… all die Hochmoore, Bergseen… das ist eine reizvolle Mischung."
Gerhard Baur, S. 86

Bergtouren mit sensationellen Aussichten

Die vielleicht schönsten Wanderferien überhaupt habe ich im Kleinwalsertal zugebracht, das zwar eigentlich zu Österreich gehört, aber per Auto nur über Oberstdorf zugänglich ist (und daher auch in diesem Band beschrieben wird). Das Schöne ist, ein Bus verbindet ganz regelmäßig alle Orte im Tal. Man kann irgendwo zu einer Wanderung starten und muss sich keinerlei Sorgen machen, wie man wieder zum Ausgangspunkt zurückgelangt. Wir sind dort in einen wahren „Wanderrausch" geraten, konnten kaum genug bekommen von einsamen Bergtouren und sensationellen Aussichten.

Die Journalistin und Autorin ***Gaby Funk*** *machte das Allgäu vor Jahren zu ihrer Wahlheimat. Sie liebt hier den Blick in die Ferne, in die Tiefe, aufs Ganze und auf die Details.*

Die im oberbayerischen Murnau lebende Fotografin ***Katja Kreder*** *hatte mit dem Allgäu nach vielen Fotoreisen fernab von Deutschland fast ein „Heimspiel".*

Pures Vergnügen: E-Biken

Ein neues Fortbewegungsmittel hat unsere Autorin Gaby Funk für sich entdeckt. Sie startet von ihrem Wohnort Oy-Mittelberg regelmäßig zu langen Bergtouren. Um am vielfach abgelegenen Ausgangspunkt aber nicht schon mit letzter Kraft anzukommen, nimmt sie gern das E-Bike, bei dem die eigene Muskelkraft ganz nach Bedarf elektrisch unterstützt wird. In den letzten Jahren wurde im Allgäu ein flächendeckendes E-Bike-Netz aufgebaut, so lassen sich nun auch für durchschnittlich Trainierte lange Bergtouren durchaus meistern. Mehr dazu erfahren Sie im DuMont Thema auf S. 70 f.
Viel Vergnügen!
Herzlich

Ihre
Birgit Borowski

Birgit Borowski
Programmmleiterin DuMont Bildatlas

94 Höher geht's nimmer als in der majestätischen Bergwelt im südlichsten Allgäuzipfel rund um Oberstdorf.

50 Was man aus den vielfältigen Pflanzen des Allgäus so alles machen kann, zeigen drei Kräuterexperten.

70 Dank Eletromotor unter dem Sattel hat man unterwegs auch noch die Muße, die herrliche Allgäuer Berglandschaft zu genießen.

Impressionen

Der Norden

Der Westen

Der Osten

UNSERE FAVORITEN

BEST OF ...

58 Zu Besuch beim Märchenkönig: Neuschwanstein ist der touristische Rekordhalter im Ostallgäu.

Die Mitte

Der Süden

Anhang

DuMont Aktiv

Genießen Erleben Erfahren

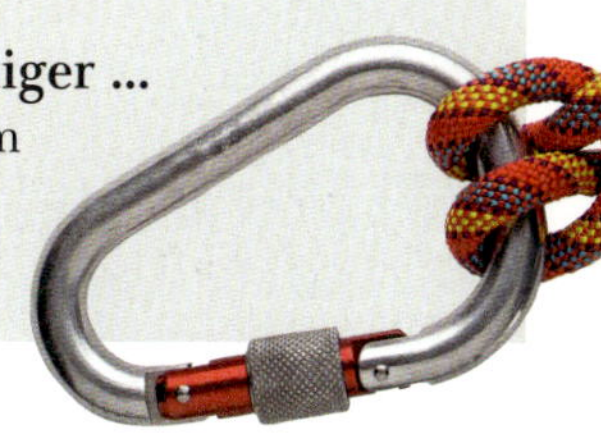

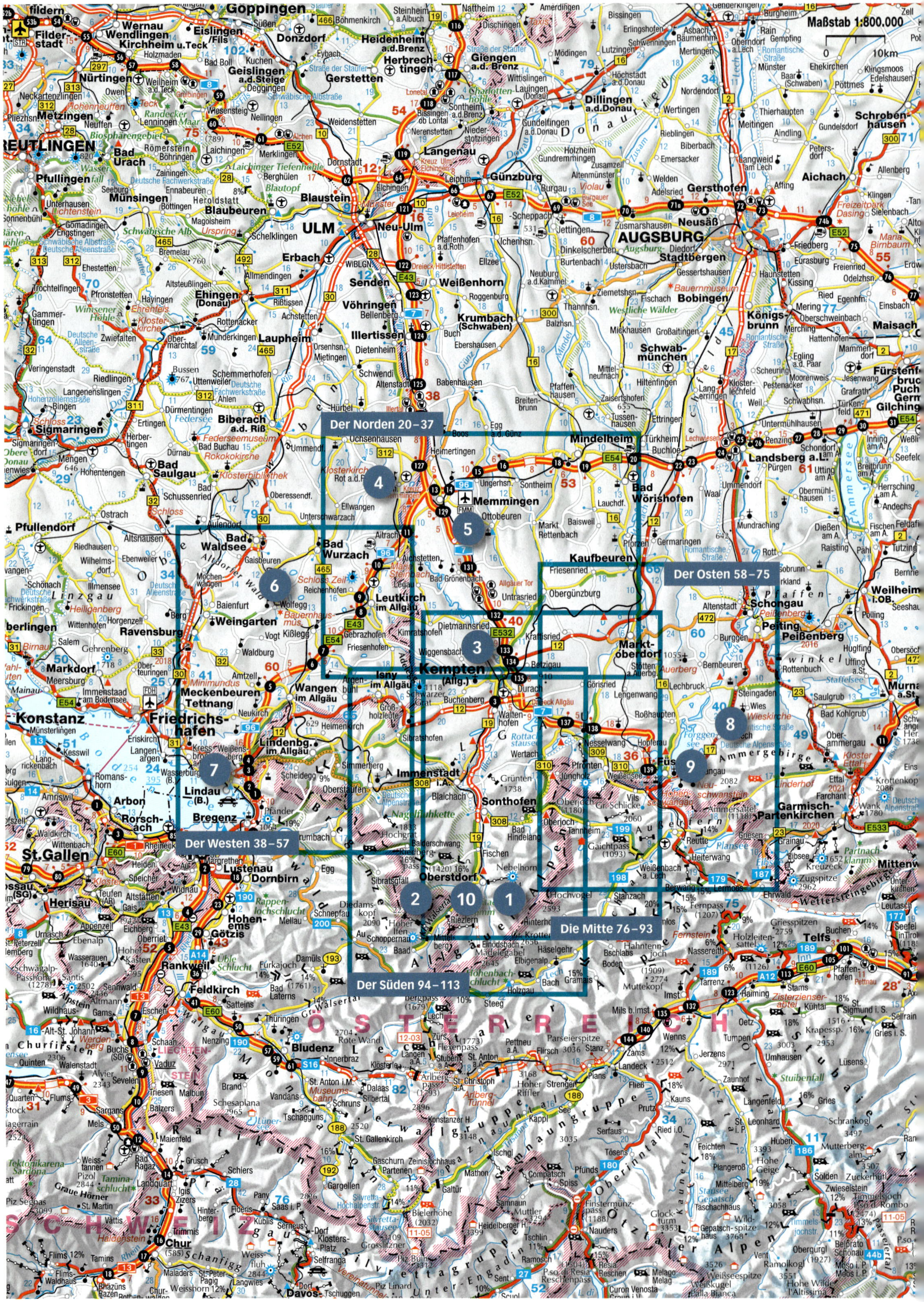

Maßstab 1:800.000
0
10km
Der Norden 20–37
Der Osten 58–75
Der Westen 38–57
Die Mitte 76–93
Der Süden 94–113
1
2
3
4
5
6
7
8
9
10
ULM
AUGSBURG
REUTLINGEN
Göppingen
Memmingen
Kempten (Allg.)
Kaufbeuren
Mindelheim
Friedrichshafen
Konstanz
St. Gallen
Lindau (B.)
Bregenz
Dornbirn
Feldkirch
Bludenz
Chur
Davos
Oberstdorf
Sonthofen
Immenstadt i.A.
Füssen
Garmisch-Partenkirchen
Landsberg a.L.
Schongau
Marktoberdorf
Leutkirch im Allgäu
Bad Wurzach
Ravensburg
Weingarten
Biberach a.d. Riß
Sigmaringen
Neu-Ulm
Günzburg
Dillingen a.d.Donau
Landeck
Imst
Telfs
ÖSTERREICH
SCHWEIZ

Topziele

Die bedeutendsten Sehenswürdigkeiten des Allgäus sowie Erlebnisse, die Sie keinesfalls versäumen dürfen, haben wir auf dieser Seite für Sie zusammengestellt. Auf den Infoseiten ist das jeweilige Highlight als **TOPZIEL** *gekennzeichnet.*

NATUR

1 **Nebelhornbahn:** Wo sonst können Sie so einen herrlichen 400-Gipfel-Panoramablick genießen wie am Nebelhorn? **Seite 112**

2 **Kleinwalsertal:** Zu den überaus beeindruckenden Bergwanderungen im Kleinwalsertal gehört die vom Ifen über das bizarre Gottesackerplateau. **Seite 112**

4

7

2

3

KULTUR

4 **Kartäuserkloster in Buxheim:** Unbedingt sehenswert ist die Basilika in Buxheims Kartäuserkloster. **Seite 36**

5 **Benediktinerkloster in Ottobeuren:** Das gewaltige Benediktinerkloster war im Mittelalter ein Zentrum der Wissenschaften. **Seite 36**

6 **Automobilmuseum in Wolfegg:** Von der Chauffeurslimousine bis zum Leukoplastbomber – das Automobilmuseum zeigt über 200 Oldtimer. **Seite 55**

7 **Stadtmuseum Lindau:** Ein reizvoller Bummel führt vom Bodenseehafen durch die Lindauer Altstadt zum Stadtmuseum, zugleich „das schönste Bürgerhaus am Bodensee“. **Seite 56**

8 **Wieskirche:** Der Ausflug zur Wieskirche, bei Steingaden gelegen, führt zu einem einzigartigen barocken Gesamtkunstwerk. **Seite 73**

9 **Schloss Neuschwanstein:** Die Besichtigung von Schloss Neuschwanstein ist ein Muss. **Seite 73**

10 **Oberstdorfer Musiksommer:** Zu den eher unerwarteten Genüssen eines Allgäu-Aufenthalts gehört der Besuch des hochkarätigen Oberstdorfer Musiksommers. **Seite 112**

ERLEBEN

3 **Freilichtspiele in Altusried:** Einer der Höhepunkte des Allgäuer Sommers sind die Freilichtspiele in Altusried. **Seite 92**

Gerstruben bei Oberstdorf

Es wäre ein wohl hoffnungsloses Unterfangen, alle Wanderwege im Allgäu selbst erkunden zu wollen – es sind einfach zu viele. Ob Sie nun ins Hochgebirge vordringen oder lieber gemächlich auf gut ausgebauten Routen unterwegs sein wollen, bleibt ganz allein Ihnen überlassen. Sicher ist jedoch, dass sich Ihnen auf Schritt und Tritt wunderbare Aussichten auf die herrliche Allgäuer Berglandschaft bieten.

Thomas Singer
2012

Viehmarkt in Buching

Seit eh und je bestimmt der Wechsel der Jahreszeiten das Leben der Allgäuer. Und selbst wo die Kühe nicht mehr in langen Fußmärschen im Frühjahr auf die Almen und im Herbst ins Tal getrieben werden, hat sich der Brauch erhalten, die Viehscheid, die wohlbehaltene Rückkehr der Paarhufer, farbenfroh und mit großen Volksfesten zu feiern. Wenn Hufschlag und Glockengeläut die Ankunft der Kühe ankündigen, haben sich Mensch und Tier und Dörfer daher längst schon prächtig in Schale geworfen.

Rappensee

Am besten haben es im Allgäu die Allgäuer. Denn die leben und wohnen hier inmitten einer herrlichen Natur, die es zu allen Jahreszeiten zu erkunden lohnt. Am zweitbesten haben es diejenigen, die hier Urlaub machen und dabei eine Ahnung vom Paradies bekommen. Sie finden diesen Vergleich zu hoch gegriffen? Dann kommen Sie am besten selbst einmal hierher und überzeugen sich von den Vorzügen der Region. Im Vertrauen: Sie werden dabei nicht ganz allein sein. Rund 2,3 Millionen Urlauber zählt das Allgäu Jahr für Jahr. Zum Glück gibt es aber auch noch viele „stille Winkel".

Im Sängersaal auf Schloss Neuschwanstein

Wo einst König Ludwig II. Wagners Opernwelt und mittelalterlicher Ritterkultur huldigte, da drängen sich heute im Sommer durchschnittlich 6000 Besucher in den Räumen: täglich! Im Jahr summiert sich diese Zahl auf rund 1,3 Millionen Gäste aus aller Welt. Ganz so viele dürften es noch nicht gewesen sein, als das Schloss 1886, nur sieben Wochen nach dem Tod des Märchenkönigs, dem Publikum zugänglich gemacht wurde.

Bei der Anfahrt zum Breitenberg

Wie viele andere Allgäuer Gemeinden setzt auch Pfronten, die aus 13 Dörfern und Weilern bestehende größte Kur- und Wintersportgemeinde des Ostallgäus, auf die heilklimatischen und touristischen Reize seiner Bergwelt. Ein (Rad-)Ausflug etwa zum südlich gelegenen, 1338 Meter hohen Breitenberg stärkt die Kondition, belebt alle Sinne und ist Labsal für die Seele.

Die urigsten Alpen

Zünftige Brotzeit in alpiner Natur

Almhütten heißen im Allgäu Alpen. Einige davon sind herrlich gelegene, urgemütliche Unikate, wo man mit köstlichen Schmankerln, Käse und Bier aus der Region bewirtet wird. Und was kann nach einer schweißtreibenden Wanderung schöner sein, als auf der Bank zu hocken mit netten Gleichgesinnten samt knusprigem Brot, Weißbier und einer Käseplatte auf dem Tisch? Nichts? Na dann einen guten Appetit!

1

1 Gschwenderberg-Alpe (1050 m)

Sie gehört mit ihren über 300 Jahren zu den ältesten, aber auch schnuckeligsten Alpen des Allgäus. Im Winter sitzt man dort auf dicken Polstern und Fellen vor dampfenden Eisenpfannen mit Kässpatzen, gleich neben den riesigen Kupferkesseln am prasselnden Holzfeuer im Kamin. Im Sommer is(s)t man am liebsten draußen – mitten auf der bunten Bergwiese. Und wenn's mit den Gästen passt, dann wird geschnapselt, aufgespielt und aus vollem Hals gesungen … und keiner will mehr heim.

Alpe Gschwenderberg oberhalb von Immenstadt-Bühl, OT Rieder, www.alpegschwenderberg.de; Auskünfte über das Alp-See-Haus, Seestr. 10 87509 Immenstadt-Bühl Tel. 08323 99 88 77

2 Alpe Gund (1502 m)

Wer diese sommers wie winters bewirtschaftete Alpe am Stuiben nach der langen Überschreitung des Nagelfluhkammes mit leerer Trinkflasche und mächtigem Hunger erreicht, wähnt sich im Himmel. Gibt's doch alles, was der müde Wanderer innig begehrt. Hier ist man Mensch, jetzt darf man schwelgen, zumal es von nun an nur noch bergab geht bis nach Immenstadt. Wenn man in diesem Kleinod mitten in den Bergen nicht kurzentschlossen noch übernachtet – weil das leise Bimmeln der Kuhglocken in der Dämmerung so schaurig-schön ist.

Alpe Gund, Am Stuiben, 87505 Immenstadt im Allgäu, Tel. 08323 49 21 www.alpe-gund-huette-immenstadt-allgaeu.de

3 Alpe Gerstenbrändle (1003 m)

Seit fünf Generationen ist die stattliche Sennalpe im Besitz der Familie Endreß. Hans und Eva Endreß versorgen dort oben im Sommer 24 eigene Kühe und 30 Stück Jungvieh und stellen Käse und Butter her. Neben dem würzigen Allgäuer Bergkäse auch herzhaften Tilsiter und Romadur. Den Käseteller mit mehreren hauseigenen Käsen genießt man am besten zusammen mit dem herrlichen Ausblick auf der Sonnenterrasse der Alpe. Und sollte Regen einen Streich durch die Rechung machen, gibt's ein gemütliches Stüble. Zuschauen beim Käsen ist erlaubt und man darf auch in den kühlen Käsekeller hinab.

Alpe Gerstenbrändle
Familie Endreß
Gunzesrieder Säge
Autalweg 5
87544 Blaichach
Tel. 08321 8 98 71
www.gerstenbraendle.de

4 Käseralpe (1406 m)

Im tiefen Kessel unter den Steilgraswänden der Höfats, den Felswänden des Großen Wilden und dem steilen Schiffsbug des Himmelhorn liegt die Käseralpe in einem der beeindruckendsten Winkel der Allgäuer Alpen. Sportliche Mountainbiker erreichen sie durchs spektakuläre Oytal mit Steilpassage am Stuiben-Wasserfall. Trittsichere Bergwanderer marschieren ab der Nebelhorn-Bergstation über den Laufbacher-Eck-Weg mit Abstieg zur Käseralpe und sausen auf dem Rückweg vom Oytalhaus per Roller hinab nach Oberstdorf.

Käseralpe im hintersten Oytal, Ausgangspunkt bei Talstation Nebelhornbahn in Oberstdorf;
Auskünfte über die Kurverwaltung Oberstdorf
Tel. 08322 70 00
www.oberstdorf.de

5 Willersalpe (1456 m)

Nur mit echten Pferdestärken versorgt, erinnert die Bilderbuch-Alpe durch ihren gedrungenen Bau mit den mächtigen steinernen Lawinenvorbauten, dass sie hier oben schon lange den schneereichen, harten Wintern trotzt. Auf den sonnenverwöhnten Bergweiden grasen Milchkühe, Galtvieh, Haflinger und Esel, auch Schweine gibt's und Hühner – für Kinder ist's ein Paradies auf Erden. Man kann sogar im Matratzenlager übernachten. Besonders lohnend ist dann beim Auf- oder Abstieg noch ein Abstecher zum sagenumwobenen Wildfräuleinstein.

Willersalpe, oberhalb von Hinterstein, Gemeinde Hindelang;
Auskünfte über Gästeinformation Bad Hindelang
Tel. 08324 89 20
www.badhindelang.de

6 Buchelalpe (1290 m)

„Ebbas guat's für d'Leib und Seel" gibt es auf der Buchelalp bei Unterjoch. Tatsächlich ist die Wahl jedes Mal eine Qual: Soll man sich die köstliche hausgemachte Bergkäsknödelsuppe gönnen oder doch lieber die Buchweizen-Kräuterflädlesuppe? Oder diesmal vielleicht nur frische Buttermilch mit hausgemachtem Dinkel-Zopf aus dem Holzofen? Die Alpe wird von der Familie Gehring bewirtet, welche sich nicht nur um die rund 50 Stück Jungvieh auf der Alpe kümmert, sondern auch für das leibliche Wohl ihrer wandernden Besucher sorgt. Die Gehrings sind Mitglied im Verein Alpgenuss, was wie ein Gütesiegel ist: Die Mitglieder verwenden nur erstklassige Produkte aus der Region. Schöne Wandertouren hat's übrigens auch.

Buchelaple, Elke und Martin Gehring, Steinebergweg 2
87541 Bad Hindelang/ Unterjoch
Tel. 0171 4 52 80 00
www.buchelalpe.de

Restaurant
ERDINGER
ERDINGER

Liebe auf den zweiten Blick

Von wegen idyllisch-provinziell! Das sanfte voralpine Hügelland des nördlichen Allgäus mit seiner bäuerlich geprägten Kulturlandschaft erscheint nur auf den ersten Blick so. Betrachtet man diese früher etwas abschätzig als Unterland bezeichnete Allgäuer Region genauer, dann entdeckt man viele einzigartige Kunstschätze sowie eine Geschichte, die kulturell oft prägend war – weit über die deutschen Landesgrenzen hinaus.

Sebastian Kneipp und die Folgen: Bad Wörishofen ist heute einer der bekanntesten Kurorte der Welt.

Neben Malerei haben Grafik, Fotografie und Skulptur in der MEWO Kunsthalle Memmingen ihren Platz.

Mit regionalem Speisenangebot: Gasthof „Zum Schwanen“ in Memmingens Kalchstraße

Rokoko in Memmingen:
das Rathaus

Moderne Ausstellungskultur in klassischem Ambiente:
die MEWO Kunsthalle Memmingen

„Mir nemmet ons koi Zeit, mir hond se" – „Wir nehmen uns keine Zeit, wir haben sie", besagt eine alte Allgäuer Lebensweisheit.

Im preisgekrönten, satirisch-komischen Allgäuer Kultfilm „Daheim sterben die Leut'" von Klaus Gietinger und Leo Hiemer aus dem Jahr 1985 liegt ein junger Allgäuer mit einer hübschen Touristin im Bett. Plötzlich steht der leibhaftige Teufel vor ihnen. Der junge Allgäuer erschrickt jedoch nicht, sondern fragt nur: „Bisch du von do?" Als der Teufel antwortet: „Nein, ich bin mehr aus dem Unterland", ist der junge Bursche beruhigt, da einer vom Unterland einem echten Allgäuer nichts zu sagen hat. Diese Szene weist auf die einst typische Abgrenzung hin zwischen dem „richtigen" Allgäu und dem „Unterland", zwischen den „Ur-Allgäuern" in Oberstdorf und den Schwaben. Die Grenzen zwischen den beiden „Regionen" sind an der Grenze zu Oberschwaben fließend, vorwiegend umfasst das Unterland jedoch das nördliche Allgäu. Verstecken muss sich das Allgäuer Unterland nicht, ganz im Gegenteil. Das nördliche Allgäu hat sehr viele Trümpfe – die entdeckt man allerdings oft erst auf den zweiten Blick.

Memmingen, „Tor zum Allgäu"

Was würde wohl ein kunstbeflissener japanischer Tourist denken, bummelte er ausgerechnet am Fischertag durch die gepflegte historische Altstadt Memmingens? Er wäre schockiert! Da befindet er sich im repräsentativen Zentrum dieser einst wohlhabenden freien Reichsstadt, deren Handelsverbindungen bis nach Südamerika reichten. Er bewundert die prachtvollen Patrizier- und Zunfthäuser, die St.-Martins-Kirche mit dem geschnitzten Chorgestühl, in dem sich betuchte Bürger „verewigen" ließen, und staunt über das Rathaus, das eher einem Renaissance-Schlösschen gleicht als dem Amtssitz eines Stadtoberhauptes samt Verwaltung. Vielleicht weiß er sogar von der „revolutionären" Bedeutung des Ortes, haben sich die Memminger Handwerker hier doch schon 1347 eine paritätische Besetzung des Stadtrates erkämpft und die Bauern 1525 im Allgäuer Bauernkrieg ihre Charta der Menschenrechte, die „Zwölf Artikel", verkündet. Und dann das: mitten in dieser geschichtsträchtigen Altstadt eine lachende, johlende Menschenmenge zu beiden Seiten des schmalen Stadtbaches. Unten im Bachbett eine Horde von Männern in Gummistiefeln, die hektisch einen breiten Holzkescher durchs seichte Wasser ziehen. Und was würde der japanische Gast wohl erst denken, wenn er verstünde, was all diese Menschen brüllen: „Schmotz, Schmotz, Dreck auf Dreck, Schella König, wüaschte Sau?" Das feuchte, laute Treiben am

Als „Schwäbischer Escorial“ wird das barocke Benediktinerkloster Ottobeuren gerühmt. Der Wessobrunner Johann Michael Feichtmayr schuf den Stuck, die Tiroler Brüder Johann Jakob und Franz Anton Zeiller malten die Fresken.

Special

Schloss Kronburg

Beim Schlossherrn persönlich

Blumenpracht im Kronburger Schlosshof

Eines der schönsten Renaissanceschlösser Bayerns steht im Illerwinkel auf einem 752 Meter hohen Moränenhügel aus der Eiszeit. Besuchergruppen führt der Schlossherr noch persönlich durchs Schloss. Zwölf der 100 Zimmer in der sorgfältig renovierten, von vier Ecktürmen flankierten Vierflügelanlage mit ihren rot-gelb gestreiften Läden und Toren werden von Theodor Freiherr von Vequel-Westernach und seiner Familie bewohnt. Beim Rundgang gelangt man über knarzende Holztreppen von der Hauskapelle hinauf ins grün gehaltene Jagdzimmer voller Trophäen, in den lichten Renaissance-Saal mit Kassettendecke, in den repräsentativen Deutschmeistersaal oder ins heimelige Gewölbe der Remise. Auch die Nachttopfsammlung des Schlossherrn bleibt den Besuchern nicht vorenthalten. Der Unterhalt des Anwesens, dessen Ursprünge bis in die römische Zeit zurückreichen und das 1852 durch Heirat in den Besitz der Familie gelangte, ist teuer. Einnahmequellen sind die Einkünfte aus Land- und Forstwirtschaft, aus dem stilvoll eingerichteten Gästehaus im Rosengarten und aus beliebten, von der Baronin professionell organisierten Veranstaltungen wie den Schlosskonzerten im Sommer, dem Weihnachtsmarkt, privaten Feiern oder Firmenevents.

Fischertag, erklärungsbedürftig selbst für deutschsprachige Gäste, ist dabei aber halb so wild: Nach uralter Tradition wird nur der Stadtbach leer gefischt, damit er gereinigt werden kann. Wer beim Wettfischen die schwerste Forelle aus dem Bach zieht, wird zum Fischerkönig gekrönt – und all das ist natürlich ein Anlass, kräftig zu feiern.

Kirchen, Klöster und Gelehrte

Memmingen liegt an der Ostroute der Oberschwäbischen Barockstraße, sein Vorort Buxheim und das nahe Ottobeuren sind ebenfalls wichtige Stationen der Route. Kunstfreunde aus der ganzen Welt besuchen Buxheim wegen seines zweireihigen, aus Eiche geschnitzten Chorgestühls im Kartäuserkloster, das zu den schönsten Europas zählt. Erst 1980 konnte dieses Meisterwerk der figürlichen und ornamentalen Schnitzkunst – nach der Säkularisation vom Besitzer aus Geldnot ins Ausland verkauft und dort zerteilt – nach fast 100-jähriger Odyssee zurückgekauft und restauriert werden. Und Ottobeuren, der Geburtsort von Pfarrer Sebastian Kneipp, wäre wohl nur ein behäbiger Kurort, gäbe es dort nicht das Benediktinerkloster, im 12. Jahrhundert Zentrum europäischer Wissenschaften und ab 1542 eine Zeit lang sogar Universitätssitz.

Die lichtdurchflutete Bibliothek umfasst rund 15 000 Werke. Betritt man die Basilika, überwältigt die Opulenz der Säulen, Gesimse und Gewölbe, der gewaltigen Deckenfresken und die Fülle an Marmor, Blattgold und Rocaillestuck mit allein über 1200 Engeln. Seit 1946 sind sie Kulisse für hochkarätige Klassikkonzerte. Wegen der ausgezeichneten Akustik und dem außergewöhnlichen Ambiente gastierten hier schon Herbert von Karajan, Leonard Bernstein, Karl Richter und Hanns-Martin Schneidt.

Der stille Illerwinkel

Von so viel Stuck und Glanz erholt man sich wohl am besten auf einem Ausflug in den ländlich-idyllischen, bis heute

Die schlichte ehemalige Klosterkirche von Buxheim ist bekannt für ihr reich geschnitztes Gestühl im Mönchschor (oben rechts). Zarter Rokokoschmuck ziert auch den Großen Kreuzgang des einstigen Kartäuserklosters (oben links). Ein Gruppenbild mit Damen in Mindelheim (unten links). Das Mindelheimer Rathaus schmückt der „Vater der Landsknechte", Georg von Frundsberg (unten rechts).

Wem die Stunde schlägt: im Turmuhrenmuseum von Mindelheim liegen Gedanken an die Vergänglichkeit aller Dinge durchaus nahe.

noch von bäuerlichem Leben geprägten Illerwinkel. Hier schätzt man außer den Sehenswürdigkeiten wie Schloss Kronburg, dem wohl schönsten Renaissanceschloss Bayerns, der Wallfahrtskirche Maria Stein und dem Schwäbischen Bauernhofmuseum in Illerbeuren vor allem die Kulturlandschaft mit ihren kleinen, gemütlichen Dörfern, den efeuumrankten Wassermühlen, lieblichen Auen und stattlichen Gasthäusern – natürlich mit Biergärten unter Kastanienbäumen. Radwanderer werden überrascht sein vom Gefälle der Sträßchen, das von der Hochfläche hinab ins Tal der Iller beachtliche 16 Prozent betragen kann – bergab zwar ein Genuss, bergauf aber recht sportlich.

Schutzgebiet Illerwinkel

Die Iller ist heute im Illerwinkel ein Schutzgebiet, war früher jedoch eine geschäftige Lebensader der Region. Der Fluss trieb Mühlen und Handwerksbetriebe an und war außerdem bis zum Bau der Eisenbahnlinie eine wichtige Handels- und Reiseroute. Bis zum Jahr 1900 wurde auf ihr von Kempten nach Ulm Holz geflößt. Allgäuer Produkte oder Waren aus Südtirol und Italien, die über den Fernpass nach Kempten kamen, gelangten auf dem Wasserweg weiter nach Ulm, wo sie bei Bedarf auf die

Special

Pfarrer Sebastian Kneipp

Wer heilt, hat recht

Der „Wasserdoktor“ wird bis heute wegen seiner Heilkunst verehrt. Bis zu seinem Tod wurde er aus demselben Grund aber auch angefeindet.
Überall sind in Bad Wörishofen Porträts Sebastian Kneipps (1821–1897) zu sehen, der in Stephansried bei Ottobeuren in ärmlichen Verhältnissen aufwuchs und 1852 in Augsburg zum Priester geweiht wurde. 1849 erkrankte Kneipp an Tuberkulose, konnte aber durch Bäder in der eiskalten Donau genesen. Er vertiefte sein neu gewonnenes Wissen mithilfe von Fachliteratur und entwickelte seine Lehre, aufbauend auf fünf „Säulen“: der Hydro-, Bewegungs-, Phyto- (Heilkräuter-), Ernährungs- und Ordnungstherapie. 1853 und 1854 wurde er wegen „Kurpfuscherei“ und „Gewerbebeeinträchtigung“ verklagt und bestraft. Als wenig später eine Choleraepidemie ausbrach, behandelte er trotz Heilverbots 42 Menschen – erfolgreich. Schließlich wurde der „Cholera-Kaplan“ nach Wörishofen versetzt. Die Hilfesuchenden reisten nun dorthin, Bade- und Gästehäuser wurden in Wörishofen errichtet, und Kneipp verfasste sein Standardwerk „Meine Wasserkur“ (1886). Stets bestand er darauf, Mittellose und Waisenkinder gratis zu behandeln. Ende 1893 wurde er von Papst Leo XIII. zum „Monsignore“, zum „Päpstlichen Hauskaplan“, ernannt, ein hoher kirchlicher Ehrentitel für einen einfachen Pfarrer.

Kneipp blickt auf „sein“ Bad Wörishofen.

Zuschauer mit leerem Beutel: Bei Wallensteins Einzug in Memmingen …

Beim Kaufbeurer Tänzelfest spielen Kinder die Hauptrolle.

… paradieren Landsknechte vor den Arkaden des barock verzierten Steuerhauses – ganz so wie bei Wallensteins Einzug im Jahr 1630.

In Wallensteins Lager werden allen die richtigen Flötentöne beigebracht.

Wallensteinlager, Tänzelfest und Frundsbergfest gehören zu den großen historischen Spektakeln Bayerns.

Donau umgeladen wurden und so Wien, Budapest und sogar die Schwarzmeerregion erreichten.

Der Vergangenheit eine Bühne

Östlich von Memmingen liegt Mindelheim, ein Ort mit wechselhafter Geschichte, der unter anderem neun Jahre in englischem und dann auch in österreichischem Besitz war. Mindelheims rechteckig angelegte Altstadt unterhalb der Mindelburg ist wegen prächtiger Patrizierhäuser, zahlreicher Türme, Kapellen und Kirchen eigentlich immer einen Besuch wert. Manchmal ist er aber besonders lohnend: während des Frundsbergfestes, einem der größten historischen Feste Deutschlands. Es wird alle drei Jahre zu Ehren des Ritters und Feldhauptmanns Georg von Frundsberg gefeiert, der im 16. Jahrhundert die Landsknechte der Kaiser Maximilian I. und Karl V. überaus erfolgreich befehligt hatte und Herr auf der Mindelburg war.

Mindelheim ist zudem als Faschingshochburg bekannt und auch in der Adventszeit ein Ziel: Seit bald 400 Jahren werden in Mindelheim Krippen aufgestellt, und die geschmückte Altstadt mit den vielen biblischen Geschichten in den beleuchteten Schaufenstern verströmt dann eine schöne weihnachtliche Atmosphäre. Herausragend ist die historische Krippe in der Jesuitenkirche mit ihren 80 einen Meter hohen Figuren. Wer zur Weihnachtszeit zu Hause unabkömmlich ist: Im barocken Jesuitenkolleg befindet sich ganzjährig eine Sammlung des Schwäbischen Krippenmuseums.

Künstlerhände und Heilige

Aus Kaufbeuren stammen Persönlichkeiten wie Ludwig Ganghofer, der als bayerischer Autor schlechthin gilt und die Wertachstadt bereits als Fünfjähriger verließ, und Hans Magnus Enzensberger, aber auch die 2001 heilig gesprochene Crescentia Höß, von Gläubigen und Wallfahrern wegen ihrer Frömmigkeit und tatkräftigen Nächstenliebe verehrt, schließlich Walter Riester, der dank der von ihm entwickelten Zusatzrente den deutschen Wortschatz um den Begriff „das Riestern“ erweitert hat. In der St.-Blasius-Kapelle hat der ebenfalls aus Kaufbeuren stammende Künstler Jörg Lederer einen 1518 fertiggestellten Hauptaltar hinterlassen, der zu den bedeutendsten Werken der oberschwäbischen Spätgotik zählt. Weitere kluge oder geschäftstüchtige Köpfe kommen hinzu. Ist es da ein Wunder, dass Kaufbeuren im Allgäu nicht nur das Image einer Einkaufsstadt hat, sondern auch das einer kulturell aktiven? Neben dem jährlich stattfindenden Tänzelfest zu Ehren

Oben: Schiffskanzel (1725) in der Klosterkirche Irsee. Unten: Tänzelfestbrunnen in Kaufbeuren

Hinterm Kaufbeurer Biergarten ragen der Turm der Crescentiaklosterkirche und der Fünfknopfturm auf, die beide aus dem 15. Jahrhundert stammen.

Ein beliebtes Ziel ist der Irseer Klosterbräu – Klosterbrauerei, Braumuseum, Braugasthof und Hotel in einem.

Von der einstigen Bedeutung der ehemaligen Benediktinerabtei Irsee kündet bis heute die Pracht der Klosterkirche.

Gelassenheit und Toleranz kennzeichnen heutzutage das Leben in Kaufbeuren.

Kaiser Maximilians I., das zu den ältesten Kinderfesten Deutschlands gehört, ist die Kultur- und Kunstszene der Stadt rege und vielseitig. Indiz für Gelassenheit und Toleranz scheint dagegen der Ausgang einer vor Jahren geführten Debatte darüber zu sein, ob sich unterhalb der ehrwürdigen Pfarrkirche St. Martin aus dem 15. Jahrhundert ein Brunnen mit dem bezeichnenden Namen „Die erotischen Damen" ziemt, zu dem auch die Figur eines Spanners gehört. Sie ging zu Gunsten des beliebten Brunnens aus.

Neue Heimat für Sudeten

Ungewöhnlich an Kaufbeuren ist auch der Ortsteil Neugablonz – auf dem Reißbrett entstanden, teils auf dem Gelände einer früheren Dynamit- und Munitionsfabrik. Ironie des Schicksals: Nach dem Ende des Zweiten Weltkriegs siedelten sich hier als Kriegsfolge vertriebene Sudetendeutsche aus dem böhmischen Gablonz an, das für seine Glas- und Schmuckindustrie bekannt und einst Heimat von Ferdinand Porsche, Otfried Preußler und Daniel Swarovski war. Neugablonz ist als Stadtteil nicht gerade schön, wurde aber zum bedeutenden Sitz der Modeschmuckindustrie – und trotz der schier erdrückenden Konkurrenz durch Billigprodukte aus Asien sind hier noch immer rund hundert Firmen aktiv.

Die besten Aussichtslogen

Darum in die Ferne schweifen

Es sind auch die wechselnden Perspektiven, die die Berge so attraktiv für uns machen: Der schwindelerregende Tiefblick vermittelt die Größe und Erhabenheit der Berge. Der Fernblick erweitert den Horizont, ermöglicht den Überblick und zeigt neue Ziele auf, während der Einblick in die Gebirgsentstehung eher Demut lehrt. Der Blick von ganz unten hinauf zum Gipfel löst oft Selbstzweifel aus und zeigt Schritt für Schritt, dass Anstrengung und Geduld hohe Ziele erreichbar werden lassen.

1 Der königliche Ausblick

Am Tegelberg bei Schwangau kann man beim Startplatz der Gleitschirm- und Drachenflieger wie einst König Ludwig II. seinen Blick über die lieblichen Lechauen und die Schwangauer Seen schweifen lassen. Wer dort noch höher hinaus will und kann, der besteigt den Brandnerschrofen für einen grenzüberschreitenden Rundblick. Danach gibt es im ehemaligen königlichen Jagdhaus (1505 m) Kost und Logie – heutzutage aber weniger königlich als rustikal.

Berggaststätte
Tegelberghaus, Tegelberg 1
87645 Schwangau
Tel. 08362 89 80
www.tegelberghaus.de

2 Aus des Adlers Perspektive

„Wie die Schwingen eines heraldischen Adlers"– so blumig wurde in früheren Zeiten die Form des Hochvogel (2592 m) beschrieben, über dessen Gipfel die deutsch-österreichische Grenze verläuft. Obwohl er eigentlich nur die Nummer 13 unter den höchsten Gipfeln der Allgäuer Alpen ist, dominiert der frei stehende Klotz weite Teile der Allgäuer Gipfel und der benachbarten Gebirgsgruppen. Dementsprechend ermöglicht der Gipfel nach einem abwechslungsreichen Aufstieg einen tollen Aus- und Überblick. Wer kann, der sollte den Gipfel allerdings bald besteigen, da sich dort eine tiefe Kluft aufgetan hat. Geologen erwarten einen gewaltigen Bergrutsch, der den – folgerichtig bereits gesperrten – Bäumenheimer Weg aus dem österreichischen Lechtal gefährdet.

Hochvogel-Besteigung über Gimpel- und Prinz-Luitpold-Haus bei Hinterstein; Auskünfte über Gästeinformation Bad Hindelang
Tel. 08324 89 20
www.badhindelang.de

3 Panoramablick der Spitzenklasse

Ob vom Koblat oder von der Terrasse der Nebelhornbahn-Gipfelstation: Über 400 eigenständige Gipfel hat ein zählfreudiger Experte bei klarer Sicht von dort oben ermittelt. Wer bei der Bestimmung der in mehreren Reihen angeordneten Sägezähnchen Probleme hat, dem verhilft an der Gipfelstation eine meterlange Tafel mit eingeritztem Panorama und Gipfelnamen zu mehr Durchblick.

Nebelhornbahn-AG
Nebelhornstraße 67
87561 Oberstdorf
Tel. 08322 96 00-0
www.das-hoechste.com

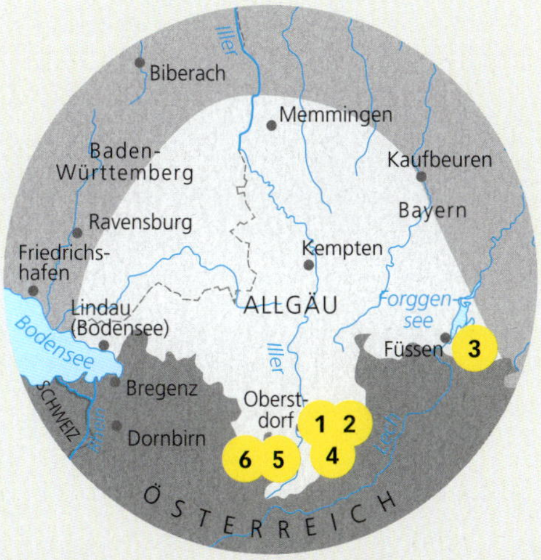

4 Schaurig-schöner Höfatsblick

Die viergipfelige Höfats mit ihren Steilgraswänden ist das markanteste Wahrzeichen der Allgäuer Alpen. Einen schönen Höfatsblick kann man – nomen est omen – direkt aus dem Liegestuhl an der Aussichtsterrasse der Bergstation Höfatsblick der Nebelhornbahn genießen. Noch viel beeindruckender ist aber der gruselig-schöne Blick vom Laufbacher-Eck-Weg ab der Bergstation auf die Steilwände jenseits des Oy-Tales, die entlang des Weges optisch immer näher rücken.

Nebelhornbahn-AG
Nebelhornstraße 67
87561 Oberstdorf,
Tel. 08322 96 00-0
www.das-hoechste.com
bzw. Museumsdörfchen Gerstruben und Dietersbacher Tal

5 Der furchterregendste Blick nach oben

Für Kletterer ist der Blick mit dem Kopf tief im Nacken durch überhängende Wände nach oben normal. Wer diesen Angstschweiß fördernden Blick als abenteuerlustiger und körperlich fitter Urlauber kennenlernen möchte, der sollte sich von einem Bergführer durch den rasch erreichbaren Sportklettersteig an der Kanzelwand führen lassen. Der bietet genügend Überhänge, schwindelerregende Tiefblicke, kraftraubende Stellen und Momente, wo man sich fragt, wie – um alles in der Welt – man denn da hinaufkommen soll.

Auskünfte unter
Kleinwalsertal Tourismus
Walserstraße 264
A-6992 Hirschegg
Tel. 0043 5517 5 11 40
www.kleinwalsertal.com/de

6 Die besten geologischen Einblicke

Hoher Ifen, Gottesackerplateau und Hahnenköpfle im Kleinwalsertal – nirgends bekommt man in den Allgäuer Alpen bessere Einblicke in die Entstehungsgeschichte der Berge. Kann man am Gottesackerplateau bei einer Führung die versteinerten Reste von Muscheln, Seegras und Austern erkennen, so genießt man vom Hahnenköpfle einen herrlichen Panoramablick auf die Gipfel des Allgäuer Hauptkammes … Und nur wenige Schritte hinterm Kamm des Hahnenköpfle befindet sich eine kleine Aussichtskanzel mit beeindruckendem Einblick in den Schichtaufbau des Hohen Ifen samt einem Wändchen mit markanter Auffaltung der Gesteinsschichten.

Ifenbahn, Auenalpe 4
A-6992 Hirschegg;
Auskünfte unter
Tel. 08322 96 00-0
www.das-hoechste.com

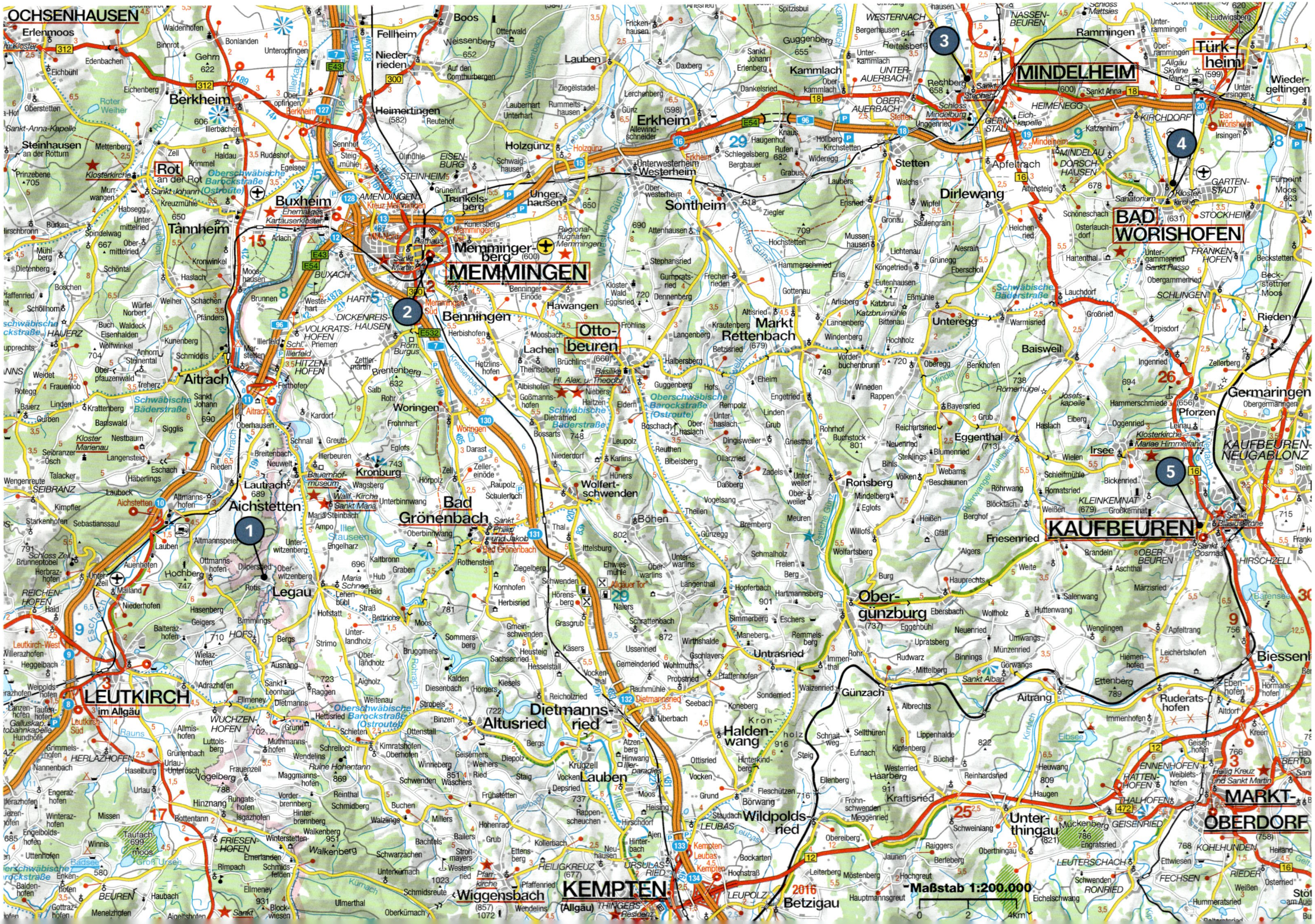

OCHSENHAUSEN
Erlenmoos
Berkheim
Steinhausen an der Rottum
Rot an der Rot
Buxheim
Tannheim
Aitrach
Aichstetten
Legau
Leutkirch im Allgäu
Fellheim
Niederrieden
Boos
Heimertingen
Holzgünz
Ungerhausen
Memmingerberg
MEMMINGEN
Benningen
Hawangen
Ottobeuren
Woringen
Kronburg
Bad Grönenbach
Altusried
Dietmannsried
Lauben
KEMPTEN (Allgäu)
Wiggensbach
Erkheim
Sontheim
Markt Rettenbach
Lauben
Kammlach
Westerheim
Stetten
Dirlewang
Unteregg
Wolfertschwenden
Böhen
Untrasried
Haldenwang
Wildpoldsried
Betzigau
Obergünzburg
Ronsberg
Eggenthal
Baisweil
Friesenried
Günzach
Aitrang
Unterthingau
MINDELHEIM
Rammingen
Türkheim
Wiedergeltingen
BAD WÖRISHOFEN
Irsee
Germaringen
Pforzen
KAUFBEUREN
Kaufbeuren-Neugablonz
Biessenhofen
Ruderatshofen
MARKT-OBERDORF
Maßstab 1:200.000

Zuspruch für Leib und Seele

Sie verströmen ihr eigenes Flair, die Unterallgäuer Städte Memmingen, Mindelheim und Kaufbeuren. Kneipps Bad Wörishofen steht dagegen eher für Askese. Ottobeuren und Buxheim erinnern an Zeiten, als beim Kampf um gläubige Seelen kein Aufwand gescheut wurde.

1 Illerwinkel

Die stille Landschaft rund um die Iller ist ideal zum Wandern und Radeln. Legau (3000 Einw.) an der Oberschwäbischen Barockstraße ist Sitz der Verwaltungsgemeinschaft Illerwinkel. Der Ort entstand aus einem fränkischen Reichshof. 1977 eingemeindet, ist Steinbach seit dem 18. Jh. ein bedeutender Wallfahrtsort.

SEHENSWERT

Die **Wallfahrtskirche Maria Schnee** in Legau-Lehenbühl zeigt sich als Mischung von Spätbarock und Rokoko. Im Ortsteil Steinbach steht die **Wallfahrtskirche Maria Steinbach**, eine der schönsten bayerisch-schwäbischen Rokokokirchen (1746–1754; www.maria-steinbach.de); beliebt sind das „Protz- und das Plärrengele" am Gnadenbild, ferner Votivtafeln über Fährunglücke auf der Iller.

AKTIVITÄTEN

Wandern oder **Radwandern** im Illerwinkel oder auf dem Illerradweg zwischen Ulm und Oberstdorf (142 km). Der ehemalige Flößer Sepp Fischer setzt von Wagsberg zur Wallfahrtskirche Maria Steinbach über oder macht im Schutzgebiet **Bootsfahrten** für Gruppen (Anmeldung Tel. 08394 6 65, ab 18 Uhr).

Tipp

Zünftig einkehren

Traditionsziel ist der Kronburger Gasthof zur Krone (Mo. und Di. geschl.) mit Kleinstbrauerei, schönem Biergarten unter Kastanienbäumen, gutem Weißbier und schwäbischer Küche.

INFORMATION
Brauerei und Gastwirtschaft Schweighart, Hauptstraße 21, 87758 Kronburg, Mo. und Di. Ruhetag, Tel. 08394 2 37, www.brauerei-kronburg.de

UMGEBUNG

Das **Schwäbische Bauernhofmuseum Illerbeuren** ist seit 1955 das älteste Freilichtmuseum Bayerns (Museumstraße 8, Kronburg-Illerbeuren, Tel. 08394 14 55, www.bauernhofmuseum.de; April–Okt. Di.–So. 9.00–18.00, März und Nov. Di.–So. 10.00–16.00 Uhr). **Kronburg** gilt als schönstes Renaissanceschloss Bayerns (Burgstraße 1, Tel. 08394 271, www.schloss-kronburg.de). Östl. der Iller liegt im Schatten seines Hohen Schlosses (Urspr. 12. Jh.) das **Kneippheilbad Grönenbach** (5300 Einw.).

INFORMATION

Verwaltungsgemeinschaft Illerwinkel, Marktplatz 1, 87764 Legau, Tel. 08330 9 40 10, www.legau.de
Kurverwaltung Bad Grönenbach, Marktplatz 5, 87730 Bad Grönenbach, Tel. 08334 6 05 31, www.bad-groenenbach.de

Hegt und pflegt auch alte Haustierrassen: das Bauernhofmuseum Illerbeuren

2 Memmingen

Das Wirtschafts- und Kulturzentrum des „schwäbischen Unterlands" (42 000 Einw.) präsentiert sich reizvoll mit einer gepflegten Altstadt, die auf ihre einstige Bedeutung als freie Reichs- und Handelsstadt der Fugger verweist.

SEHENSWERT

Inmitten der **Altstadt** mit Palais, repräsentativen Bürgerbauten und einem Rest der mittelalterlichen Stadtbefestigung (14. Jh.) stehen das **Rathaus** (1589 und 1765) mit Rokokofassade und das **Steuerhaus** (15./16. Jh., 1909; Stadtverwaltung). Im **Siebendächerhaus** (1601) trockneten einst die Gerber Häute. Berühmt sind das u. a. von Ivo Strigel geschnitzte Chorgestühl (um 1505) und die Fresken (16. Jh.) u. a. von Hans Strigel in **St. Martin** (14. und 15. Jh.). Die spätgotischen Fresken in der **Kirche „Unser Frauen"** (15. Jh.) gehören zu den bedeutendsten Süddeutschlands.

MUSEEN

Die **MEWO Kunsthalle** (Bahnhofstraße 1, Tel. 08331 85 07 71; Di., Mi., Fr.–So. und Fei. 11.00 bis 17.00, Do. 13.00–19.00 Uhr) zeigt im einstigen Postamt (1901) Wechselausstellungen zeitgenössischer Kunst. Im Bestand befinden sich außerdem Werke der Memminger Maler Max Unold (1885–1964) und Josef Madlener (1881–1967). Das **Antonierhaus** (15. Jh.) wurde zum Museum des Antonierordens; außerdem sind hier die Stadtbibliothek und das Strigelmuseum über die Memminger Künstlerfamilie Strigel untergebracht, die im 15./16. Jh. die süddeutsche Malerei prägte (Martin-Luther-Platz 1, Tel. 08331 85 02 45; Di.–Mi. und Fr.–So. 11.00–17.00, Do. 13.00–19.00 Uhr, Mo. geschl.). Das **Stadtmuseum** im **Hermansbau** (1766) präsentiert u. a. Reichsstadt-Geschichte und die der jüdischen Gemeinde 1862–1942 (Zangmeisterstraße 8, Eingang Hermansgasse, Tel. 08331 85 01 34; Di.–Sa. 10.00–12.00 und 14.00 bis 16.00, So. und Fei. 10.00–16.00 Uhr).

VERANSTALTUNGEN

Höhepunkte sind das schon 1571 erwähnte **Kinderfest** vor Beginn der Sommerferien und der traditionelle Fischertag am folgenden Sa. Seit 1980 wird alle vier Jahre am **Fischertag** Ende Juni/Anfang Aug. das **Wallensteinfest** zur Erinnerung an Wallensteins Aufenthalt in Memmingen 1630 gefeiert (wieder 2016; www.wallenstein-mm.de). Das sommerliche **Kultur-**

festival Memminger Meile präsentiert seit über 30 Jahren Ende Juni/Anfang Juli zeitgenössische Künste.

UMGEBUNG

Buxheim (2000 Einw.) ist bekannt durch sein 1084 gegr. Kartäuserkloster; seit 1926 gehört es den Salesianern und dient als Internat. Das Chorgestühl von Ignaz Waibel und die Fresken und Stuckarbeiten der Brüder Johann Baptist und Dominikus Zimmermann (Wessobrunner Schule) machen die **Basilika** TOPZIEL herausragend. Das Kartausenmuseum informiert über die Geschichte des Ordens (Heimatdienst Buxheim, Tel. 08331 6 18 04, www.heimatdienst-buxheim.de; April–Okt. tgl. 10.00–13.00 und 14.00–17.00 Uhr). **Ottobeuren**, Geburtsort von Pfarrer Kneipp, ist ein beschaulicher Kurort (8000 Einw.) mit einer berühmten, 764 gegründeten Abtei, im Mittelalter ein Zentrum der Wissenschaften. Das **Benediktinerkloster** TOPZIEL gilt als Vollendung der barocken Klosterarchitektur Süddeutschlands (tgl. 9.00 Uhr bis Sonnenuntergang, Führungen April–Okt. Sa. 14.00 Uhr). Besonders prunkvoll sind Bibliothek, Theater- und Kaisersaal. Im Klostermuseum die Bau-, Kunst- und Kulturgeschichte; ferner Staatsgemäldesammlung, Klosterladen, Klostercafé. Orgelkonzerte in der Basilika (Febr.–Nov. Sa. 16.00 Uhr).

INFORMATION

Stadtinformation Memmingen, Marktplatz 3, 87700 Memmingen, Tel. 08331 85 01 72, www.memmingen.de
Touristikamt Kur & Kultur Ottobeuren, Marktplatz 14, 87724 Ottobeuren, Tel. 08332 92 19 50, www.ottobeuren.de

3 Mindelheim

Das Unterallgäuer Verwaltungszentrum im Schatten der Mindelburg hat eine bezaubernde Altstadt mit sehenswerten Kunstschätzen.

SEHENSWERT

Einen guten Blick auf die rechteckig angelegte und von der Maximilianstraße durchzogenen **Altstadt** genießt man vom Katharinenberg mit einer frühbarocken Kapelle, 1606 von Maria Fugger gestiftet, oder vom Bergfried der **Mindelburg** (14.–16. Jh.; Schlüssel beim Verkehrsamt, die Burg selbst ist nicht zugänglich). Am Marienplatz stehen das 1897 umgebaute, im Urspr. mittelalterliche **Rathaus** und eine Bronzestatue des „Vaters der Landsknechte", Georg von Frundsberg (1473–1528). In der wiederholt umgestalteten **Pfarrkirche St. Stephan** (urspr. 15. Jh.) befinden sich u. a. ein Hochaltargemälde (1962) und im Turm das Grabmal des Kirchenstifters Ulrich von Teck (um 1430). Ein Juwel mit spätbarocker Ausstattung ist die **Jesuitenkirche Mariä Verkündigung** (1625) und die **Liebfrauenkapelle** vor dem westlichen Tor zur Altstadt mit dem Relief der „Mindelheimer Sippe" (um 1520).

MUSEEN

Im Kappelturm (48 m) der ehem. Silvesterkirche (1409) ist das **Schwäbische Turmuhrenmuseum** untergebracht (Hungerbachgasse 9, www.mindelheimer-museen.de; Führung Mi. und letzter So. im Monat 14.00–17.00 Uhr). Im ehem. Jesuitencolleg (Hermelestraße 4, www.mindelheimer-museen.de; Di.–So. 10.00–12.00 und 14.00–17.00 Uhr) befinden sich das **Schwäbische Krippenmuseum**, das **Textilmuseum/Sandtner-Stiftung** und das **Südschwäbische Archäologiemuseum**. Das **Heimatmuseum** zeigt seine Exponate zur bäuerlichen Kultur im Hl.-Kreuz-Kloster (Hauberstraße 2, www.mindelheimer-museen.de; Do. und zweiter So. im Monat 14.00–17.00 Uhr).

VERANSTALTUNGEN

Weithin bekannt sind die **Jazztage JAZZ'ISCH!** im März/April und das **Mondlicht-Open Air** im Aug. Alle 3 Jahre (wieder 2018) lockt das **Frundsbergfest** (www.frundsbergfest.de).

UMGEBUNG

Die **Katzbrui-Mühle** bei Köngetried (10 km südw.) dient heute als Museum. Daneben der gleichnamige Gasthof mit 350-jähriger Gaststube, Schmankerlküche und Biergarten (Katzbrui 7, Tel. 08269 5 75, www.katzbrui-muehle.de; tgl. ab 11.00 Uhr).

INFORMATION

Tourist-Information, Maximilianstraße 26, 87719 Mindelheim, Tel. 08261 99 15 20, www.tourismus-mindelheim.de

> **Tipp**
>
> ## Allgäu von oben
>
> Auf dem Flugplatz Wörishofen startet die Antonov AN-2 „Tante Anna", ein bestens gepflegter Doppeldecker von 1958, zu Rundflügen über Ammer- und Starnberger See sowie Pfaffenwinkel oder Forggen- und Hopfensee samt Schloss Neuschwanstein.
>
> **INFORMATION**
>
> Classic Wings Bavaria, Tel. 0174 3 41 86 67, www.classicwings-bavaria.de

4 Bad Wörishofen

Der auf ein 1087 erstmals erwähntes Bauerndorf zurückgehende Kurort ist mittlerweile die Nummer eins der Kneippheilbäder.

SEHENSWERT

Das 1717 gegründete **Dominikanerinnenkloster** wurde von Dominikus Zimmermann bis 1721 als vierflügelige barocke Anlage mit der Kirche Maria Königin der Engel errichtet (heute „Hotel KurOase", Museum und Kloster). Schöner **Kurpark** mit ca. 6000 Rosenstöcken.

Ob in Kaufbeurens Altstadt oder im Kloster Buxheim – vielerorts im Allgäu hat sich historische Bausubstanz erhalten.

MUSEUM

Das **Kneipp-Museum** ist dem „Wasserdoktor" und „seinem" Wörishofen gewidmet (Klosterhof 1, Eingang Schulstraße, Tel. 08247 39 56 13, www.kneipp-museum.de; Mitte Jan.–Mitte Nov., Di.–So. 15.00–18.00 Uhr).

VERANSTALTUNGEN

Im März findet das **Internationale Schachturnier** statt. Das **Festival der Nationen** stellt im Herbst die besten Nachwuchskünstler der Welt vor (www.festivaldernationen.de). **Jazz goes to Kur** gibt es Ende Okt.

ERLEBEN

Die 5000 m² große **Therme Bad Wörishofen** bietet u. a. Karibik-Flair, Saunalandschaft und Thermalbad; sportliche Schwimmer gehen ins BlueFun (Thermenallee 1, Tel. 08247 39 93 00, www.therme-badwoerishofen.de; tgl. 10.00 bis 22.00, Sa. ab 9.00 Uhr). Nervenkitzel und Spaß für Groß und Klein verspricht der **Allgäu Skyline Park** an der Autobahn 96 (www.skylinepark.de; April–Nov. tgl. 9.00/9.30 bis 18.00/19.00 Uhr).

INFORMATION

Kurdirektion, Luitpold-Leusser-Platz 2, 86825 Bad Wörishofen, Tel. 08247 99 33 10, www.bad-woerishofen.de

5 Kaufbeuren

Der Hauptort des nördlichen Ostallgäu (44 000 Einw.) glänzt mit einer schönen Altstadt, reichem Kulturleben und guten Einkaufsmöglichkeiten. Bereits 1847 erhielt die Stadt Bahnanschluss.

SEHENSWERT
In der historischen Altstadt erwarten das **Geburtshaus der hl. Crescentia** (Neue Gasse 15, nur Außenbesichtigung), das **Haus des Bildhauers Jörg Lederer** in der Ludwigstraße (15. Jh.) und das **Rathaus** (1881) Interessierte. Die **St.-Martin-Kirche**, urspr. eine romanische Basilika (Hauptportal, Taufbecken), wurde um 1440 gotisch umgebaut, um 1700 barockisiert und 1895 neugotisch umgestaltet. In ihrem Schatten wurde der Schriftsteller Ludwig Ganghofer (1855–1920) geboren (Kirchplatz 8). Etwas unterhalb steht der „Brunnen der erotischen Damen" mit Spanner. Die **St.-Blasius-Kirche** (15. Jh.) besticht durch spätgotische Stilreinheit und birgt großartige Kunstschätze wie den Altar von Jörg Lederer (1518).

MUSEEN
Das **Kunsthaus** bietet Wechselausstellungen mit zeitgenössischer Kunst (Spitaltor 2, Tel. 08341 86 44, www.kunsthaus-kaufbeuren.de; Di.–Fr. 10.00–17.00, Do. bis 20.00, Sa. und So. 11.00–17.00 Uhr). Das **Stadtmuseum** (1879, Kaisergäßchen) informiert über die Reichsstadt und regionale Sozial-, Kunst- und Wirtschaftsgeschichte und zeigt „Allgäuer Volkskunst". Im **Isergebirgs-Museum** geht es um die deutsche Kultur- und Industriegeschichte im schlesischen Isergebirge und die Anfänge der Neugablonzer Glas- und Schmuckindustrie (Marktgasse 8, Kaufbeuren-Neugablonz, Tel. 08341 96 50 18, www.isergebirgs-museum.de; Di.–So. 14.00–17.00 Uhr).

VERANSTALTUNGEN
Die **Blue Night** im April/Mai bietet Jazzbands live in neun Kneipen. Das zwölftägige **Tänzelfest** erinnert alljährlich vor den Sommerferien an den Besuch von Kaiser Maximilian I. im Mai 1497. Ende Okt./Anf. Nov. zeigen die **Kaufbeurer Theatertage** neun Theaterproduktionen. Kunstmaler, Silber- und Goldschmiede, Töpfer, Weber, Trachtenschneider etc. präsentieren ihre **Handwerkskunst** im Mai auf dem Kirchplatz vor der St.-Martin-Kirche.

UMGEBUNG
Das 1802 aufgehobene **Benediktinerkloster Irsee** entstand 1182. An die Bedeutung der Reichsabtei (ab 1521) erinnert die barocke Klosterkirche (1699–1702) mit prachtvollem Stuck. Das Klosterviertel beherbergt heute eine Privatbrauerei mit Museum, Gasthof, Biergarten (Tel. 08341 43 22 00, www.irsee.com; tgl. 9.00–19.00 Uhr) und die Kleinkunstbühne „Altbau" (www.irsee.de/altbau). Im einstigen Konventsgebäude befindet sich die Tagungs- und Bildungsstätte des Bezirks Schwaben (www.kloster-irsee.de) mit der renommierten Schwaben-Akademie (www.schwabenakademie.de), jährlich Veranstalter des Festivals „Klang & Raum", des Schwäbischen Kunstsommers, des Literaturwettbewerbs und des „Irseer Pegasus".

INFORMATION
Kaufbeuren Tourismus- und Stadtmarketing, Kaiser-Max-Straße 1, 87600 Kaufbeuren, Tel. 08341 4 0405, www.kaufbeuren.de

Genießen Erleben Erfahren

DuMont Aktiv

„Desperate Housewives"

Eine unterhaltsame Zeitreise in die Geschichte Memmingens ermöglichen die beiden „Desperate Housewives des 17. Jahrhunderts", eine reiche Patrizierin und eine arme Webersfrau. Sie führen auf einem höchst aufschlussreichen Rundgang durch die Memminger Altstadt.

Sabina Streckin, die hübsche Webersfrau, steht am Marktplatz und beobachtet neugierig die reiche Patrizierin Heidi Stölzlin. Die recht fein herausstaffierte Memmingerin trägt ein edles Gewand aus schwarzer, glänzender Seide mit weißem Spitzenkragen und dazu eine schwarze Haube aus feinstem Samt. Außerdem einen goldenen Armreif. Streckin ist ein wenig neidisch. Als Frau eines armen Webers darf sie laut der strengen Memminger Kleiderordnung des 17. Jahrhunderts nämlich nur ein schlichtes Baumwoll- oder Wollgewand mit Schürze und Haube tragen. Und selbst wenn ihr Mann das Geld dazu hätte, dürfte die Webersfrau öffentlich niemals Goldschmuck, Samt, Seide oder Pelz zur Schau stellen. Und dabei beklagt sich diese reiche Frau darüber, dass sie sich nur mit Pelzen einheimischer Tiere schmücken darf – und das, obwohl die Handelsverbindungen ihres Mannes fast rund um die Welt reichen! Streckin schafft es, durch eine Bemerkung die Aufmerksamkeit der Patrizierin auf sich zu lenken. Nun beginnt auf dem Weg durch die Altstadt ein Gespräch, das den Zuhörern viel über den Alltag der beiden so unterschiedlichen Memmingerinnen verrät. Die Informationen über die Zucht-, Ausgeh- und Kleiderordnung sowie über die neuesten Skandale sind übrigens historisch verbürgt, sie stammen aus der Stadtchronik.

Auf einen Blick

Die kostümierte **Stadtführung auf den Spuren der Desperate Housewives des 17. Jahrhunderts** findet von April bis Ende Sept. jeweils am letzten Do. eines Monats statt (Gruppentermine jederzeit auf Anfrage).

Für den Rundgang mit den beiden „verzweifelten Hausfrauen" ist eine Anmeldung erforderlich bei der Stadtinformation, Marktplatz 3, 87700 Memmingen, Tel. 08331 85 01 72, www.memmingen.de; Mo.–Fr. 9.00–17.00, Sa. 9.30–12.30 Uhr.

Die „Desperate Housewives" veranstalten ihre Stadtführung im historischen Gewand

Unter Schwabens südlicher Sonne

Das westliche Allgäu ist von starken Kontrasten geprägt: Südliches Flair und fast schon mediterranes Klima am Bodensee, daran anschließend eine sanft gewellte Hügellandschaft und schließlich die hohen, auf einer Seite steil abbrechenden Berge der Nagelfluhkette über Oberstaufen prägen das facettenreiche Gesicht der Region.

Der Ortskern des reizvollen Bodensee-Städtchens Wasserburg – im Vordergrund die Pfarrkirche St. Georg – liegt auf einer Halbinsel.

Vom Leuchtturm am Hafen (oben links) hat man einen herrlichen Blick über Lindaus Altstadt (oben rechts). Prächtig bemalt ist die Fassade des Alten Rathauses am Bismarckplatz (unten links). Schön flanieren lässt es sich auf der Maximilianstraße, der Hauptachse der Stadt (unten rechts).

Auf der Hafenpromenade der Insel herrscht reges Treiben, durch die engen Gässchen flanieren Touristen in T-Shirts und kurzen Hosen, jeder Stuhl in den Straßencafés ist besetzt. Eine laue Brise weht aus Südwest, Gelächter, Gesprächsfetzen in verschiedenen Sprachen, der Duft von Cappuccino und Crêpes … An einem schönen Tag Ende Juni fühlt man sich in Lindau fast wie an der Côte d'Azur. Sogar Palmen gibt es hier. Draußen an der Hafeneinfahrt ragen zwei markante Symbole in den wolkenlosen Himmel – der Lindauer Leuchtturm, Deutschlands südlichster, und der grimmige bayerische Löwe gegenüber. Der wirkt wie eine trotzige Vergegenwärtigung, dass man sich hier an den Gestaden des Schwäbischen Meeres und im Dreiländereck von Deutschland, der Schweiz und Österreich, weder auf badischem noch auf württembergischem, sondern auf bayerischem Grund und Boden befindet. Und damit auch auf Allgäuer Grund, denn die Große Kreisstadt Lindau zählt zum Landkreis Lindau, der aus 19 Gemeinden besteht, die zum Allgäu gehören.

Zweimal hoch hinauf

In keinem der gängigen Reiseführer steht, dass der 1856 zusammen mit dem Hafen feierlich eingeweihte Lindauer Leuchtturm im Inneren eine kuriose Bodensee-Sammlung von Schildern, Bildern und Informationen beherbergt, in die man sich beim Aufstieg über die Wendeltreppe zur Aussichtsplattform vertiefen kann. Dabei wird man über die komplette Seegfrörne von 1963 informiert, als der See 40 Zentimeter dick gefroren war und sich viele auf Schlittschuhen und sogar im Auto aufs Eis wagten. Man erfährt darüber hinaus, dass im Jahr 1583 7000 verhexte Fische unter dem Galgen verbrannt wurden, sieht Fresken von Bodensee-Ladinen, Trajektkähnen und Dampfbooten und lernt, was ein Seehas ist oder was Seestaub, Dünung und Schäfchen sind. Neben dem herrlichen Blick über den

Bauern mussten – und müssen – vielerlei Fertigkeiten beherrschen: Korbflechten im Bauernhausmuseum Wolfegg.

Alle automobilen Zeitalter sind im Automobilmuseum von Fritz B. Busch in Wolfegg vertreten – hier DKWs aus den 1950er-Jahren.

Auch die bäuerliche Frömmigkeit wird im Bauernhofmuseum Wolfegg dokumentiert.

Wohnhaus Häusing aus dem Jahr 1734 im Bauernhausmuseum Wolfegg

Bodensee-weine

Special

Gemütlichkeit im „Rädle“

Vom milden, mediterranen Klima bevorzugt, gibt es im bayerischen Bodenseegebiet auch Weinberge.

Am bayerischen Bodensee gibt es derzeit 12 Winzer: drei in Lindau, acht in Nonnenhorn und einen in Wasserburg. Anbauklassiker sind Müller-Thurgau, Weiß- und Grauburgunder und Sauvignon Blanc; aber auch für die Johanniter-Rebsorte, eine 1968 gezüchtete Kreuzung aus Riesling, Ruländer, Gutedel und Seyve-Villard, bleibt Raum. Bei den roten Rebsorten dominiert Spätburgunder, angeboten werden auch Roséweine und „See Secco“, ein Perlwein aus Nonnenhorn. Anfang Juli findet jährlich das zweitägige Winzer-Festival „Komm und See“ (www.kommundsee.de) der bayerischen Bodensee-Winzer statt.

Hafen und zum Pfänder bei Bregenz sind es Informationen wie diese, die eine Turmbesteigung zum ungewöhnlichen Erlebnis machen. Das erweitert man am besten mit einem Bummel durch die Altstadt mit prächtigen Wirts- und Patrizierhäusern und schmucken Gässchen, wie das gerade mal zwei Meter breite Zitronengässle im Zentrum der Stadtinsel. Sein Endpunkt ist schließlich das Stadtmuseum am Marktplatz, das Haus zum Cavazzen. Auch hier arbeitet man sich wie im Leuchtturm am besten von unten nach oben hoch, um all die Exponate, für die man sich interessiert, in aller Ruhe betrachten zu können. Ungewöhnlich, aber nur bei einer Führung zugänglich, ist die Sammlung mechanischer Musikinstrumente im Erdgeschoss mit historischen Drehorgeln, kleinen Spieldöschen und Spieluhren mit tanzenden Püppchen. Oder dem schwergewichtigen Welte-Mignon-Klavier aus dem bayerischen Königshaus, das elektrisch betrieben wird und mit mehr als 140 Rollen diverse klassische Musikwünsche erfüllen kann.

Vom See in grünen Höhen

Eine Touristenhochburg wie Lindau bietet vielerlei, um Besucher in ihren Mauern zu halten. Dazu gehört ein umfangreiches Kulturprogramm. Doch auch das Umland ist sehenswert. Das Fahrrad eignet sich am besten für eine genussvolle Erkundung der Region. Aufgrund des milden Klimas dominiert in Seenähe der Obstanbau, in den anderen Regionen des westlichen Allgäus überwiegt dagegen Weide- und Milchwirtschaft, geprägt eher von kleinen Höfen und genossenschaftlicher Zusammenarbeit. Ein Westallgäuer Bauer besitzt im Durchschnitt etwa 20 Milchkühe, rund 20 Hektar Wiese und drei Hektar Wald. Diese Wirtschaftsart sichert dem Vieh frisches Futter zwischen Mai und Oktober im Tal oder im Hochsommer auf den Alpen, wie die Almen im Allgäu auf gut schwäbische Art genannt werden. Die Wiesen liefern zudem das Heu für den Winter. Gleichzeitig ist die grüne Alp- und Weidelandschaft attraktives Erholungsgebiet für Touristen zum kontemplativen Schauen, Wandern und Bergwandern.

Städtisches Oberschwaben

Zu Städten wie Lindau, Wolfegg, Kißlegg und Leutkirch, die zwar zum Allgäu gehören, aber dem „Schwabenland“ zugerechnet werden, zählt auch Wangen, das sich seit 1936 offiziell als Wangen im Allgäu bezeichnen darf. Das reizvolle Städtchen wurde während der Fußballweltmeisterschaft 2006 international

„In Wangen bleibt man hangen" – eine Aussage, die in dieser vielfältigen Stadt wirklich seine Berechtigung hat. Hier gibt es ein „Museum in der Badstube", …

… sowie viele Brunnen, wie diesen in der Herrengasse mit dem Frauentor im Hintergrund …

… am Marktplatz ein schönes Rathaus mit barocker Fassade, neben dem sich die St.-Martin-Kirche erhebt …

… und direkt an der Stadtmauer Wangens den „Kopfwäschebrunnen".

bekannt als Gastgeber der Fußballmannschaft von Togo – die Wangener und die Jungs aus dem westafrikanischen Land verstanden sich so gut, dass die Wangener ein Hilfsprojekt ins Leben riefen und seither Togo, eines der ärmsten Länder der Welt und zu wilhelminischen Zeiten einmal deutsche Kolonie, durch Spenden und Hilfsaktionen unterstützen. Überhaupt erstaunt die liebevoll herausgeputzte Altstadt, die an einem lauen Sommerabend eine so leichte, fröhliche Atmosphäre verströmt, als wäre man in südlichen Gefilden unterwegs und nicht im „Schwobaländle", wo laut Klischee das „Schaffa und Spara" allgemein verbreitete Lebensmaxime ist und ein rechter, fleißiger Schwabe nach dem Tagwerk früh ins Bett kriecht. Ein gemütlicher Bummel durch die denkmalgeschützte Altstadt mit ihren gepflegten, blumengeschmückten Patrizier- und Handwerkerhäusern, dem wunderschönen Frauentor, den Türmen, Erkern und zahlreichen Brunnen macht jedenfalls richtig Spaß. Verbinden sollte man das mit einer Einkehr beim weithin geschätzten „Fidelisbäck", wo in der Gaststube immer ein Korb mit frischen Seelen, Brezeln und kross gebackenen Laugenhörnle der schon seit 1505 bestehenden Bäckerei auf dem Tisch steht.

Stadtbummel in Wangen

Aber auch in anderen Zentren der Gastlichkeit ist man gut aufgehoben. Ein Muss beim Stadtrundgang ist die historische Badstube, in der nachweislich schon zu Beginn des 15. Jahrhunderts Badebetrieb herrschte. Dazu zählte damals auch Haar- und Bartscheren sowie ein Aderlass durchs „Schröpfen". Interessantes Thema für einen längeren Stadtbummel sind die 25 Brunnen, die es hier gibt: alte Steinbrunnen wie der Adlerbrunnen, der 1490 noch einen Holztrog hatte, dann die sieben gusseisernen Brunnen, die von einst 17 Exemplaren noch erhalten sind, und die neuen Figurenbrunnen. Diese wurden vor einigen Jahren von zeitgenössischen

Das Glück der Erde liegt auf dem Rücken der Pferde: St.-Hubertus-Kapelle in Scheidegg-Forst.

Blumen vor der Hütte: Haus in Scheidegg

Die Jungs vom Brass machen's Publikum nass: Blasmusik in Lindenberg.

Überblick: Isnys Rathaus steht nahe dem Espantor.

Westallgäuer Käsestraße

Special

Hier wird nicht nur Käse gerollt

Die im Jahr 1998 initiierte Käsestraße im benachbarten Bregenzerwald diente der Westallgäuer Käsestraße als Vorbild: ein Zusammenschluss von kleinen Sennereien, regionalen Märkten und Gastronomiebetrieben, die hochwertigen Käse und andere regionale Erzeugnisse – Milchprodukte, Brot, Kräuter, Obst, Bier und Spirituosen – direkt vor Ort an Endverbraucher verkaufen.

Die Käsestraße ist viel mehr als nur eine touristische Themenroute. Voraussetzung für die Mitgliedschaft sind eine ausschließlich naturreine Produktion und die Sicherung höchster Qualität durch traditionelle Herstellung, was auch bedeutet, dass die Kühe der beteiligten Bauern nur silofreies Futter bekommen. Um den Gästen vor Ort das Thema Käse und regionale Produkte nahe zu bringen, wird in den Sennereien gezeigt, wie Käse hergestellt, gelagert und zur Reife gebracht wird. Außerdem verpflichten sich die beteiligten Gaststätten und Restaurants, ihren Gästen immer eine interessante Auswahl an Käsesorten und regionalen Produkten anzubieten. Aktionstage oder Angebotswochen der Wirte, Sennereien und Schnapsbrennereien erhöhen die Attraktivität der Route zusätzlich.

Bergkäse aus der Kasküche Isny

Künstlern in Anlehnung an die alte Tradition der selbstironischen Darstellung schwäbischer Eigenheiten gestaltet. Der Amtsschimmel-Brunnen vor dem Landratsamt, dessen Figuren durch Stahlgelenke beweglich sind, war der erste dieser Art.

Die Allgäuer Städtchen

Auch Isny hat am Viehmarktplatz einen Figuren-Brunnen, der sich auf ironische Weise mit den Behörden beschäftigt. Er war lange sehr umstritten und zeigt eine lebensgroße Kuh, die von einem Beamten gemolken wird. Das Wasser – die Milch als Symbol für die Steuereinnahmen – fließt in einen durchlöcherten Eimer und rinnt auf die Straße.

Die einstige Reichsstadt ist eine Stadt der Tore und Türme. Zu diesem Thema wird vom Fremdenverkehrsamt eine interessante Führung, zum Teil auf Resten der mittelalterlichen Stadtmauer, angeboten. Dabei erfährt man auch Details des gruseligen mittelalterlichen Stadtrechts, kann sich an den Wänden des Verlieses im Wasserturm Graffiti aus 500 Jahren Gefängnisgeschichte anschauen und kommt am Käsbrückle vorbei, auf dem früher die 80 Kilogramm schweren Laibe über die Ach gerollt wurden. Und wer hätte ohne entsprechenden Hinweis geahnt, dass sich in der Nikolaikirche

Die Höhen der Nagelfluhkette ermöglichen weite Blicke: in der Nähe des Hochgratgipfels …

… und auf
dem Seelekopf

Wanderbegleiter in der Höh':
Silberdistel

Dank der Hochgratbahn bei Steibis rücken die Nagelfluhhöhen nah.

ein wertvoller Kulturschatz verbirgt: die einzige in ursprünglichem Zustand erhaltene mittelalterliche Predigerbibliothek mit rund 1200 Bänden aus der Frühzeit des Buchdrucks und 2000 Handschriften. Der schöne mittelalterliche Raum mit drei Meter hohen Regalen überstand sogar das verheerende Feuer von 1631, bei dem 315 der 379 Bürgerhäuser, das Rathaus, die meisten Tore und Wehranlagen, die Pfarrkirche und das Kloster niederbrannten.

Auf „Herrgottsbeton"

Isny, Lindenberg und Oberstaufen sind die bekanntesten Gemeinden im westlichen Allgäu, wobei Lindenberg zum Landkreis Westallgäu gehört, Oberstaufen aber zum Oberallgäu. Der bekannte Schrothkurort liegt in einer beliebten Bergwanderregion. Wie eine mächtige Wand ragt im Talschluss vom Oberstaufener Ortsteil Steibis die Flanke des Hochgrat 1834 Meter empor, ein per Seilbahn leicht erreichbarer Gipfel am über 20 Kilometer langen Nagelfluhkamm. Die Überschreitung des Kammes, der sich vom Hochgrat nach Osten bis zum Mittag über Immenstadt erstreckt und nach Westen bis zum Hochhäderich im Bregenzerwald, gehört zu den Bergtourklassikern im Allgäu. Das Gestein, nach dem der Kamm benannt ist, wird jeder gleich wiedererkennen, der es einmal gesehen hat: Nagelfluh ist ein Konglomeratgestein, das bereits im Tertiär entstand. Die fest darin eingebackenen Kieselsteine sehen wie Nagelköpfe aus – das Gestein erinnert an Waschbeton. Kennzeichnend für die Nagelfluhberge ist, dass sie durch den Auffaltungsprozess meist eine grüne, sanft geneigte Seite besitzen, auf der anderen Seite aber senkrecht abfallen. Seit Januar 2008 ist der gesamte Kamm aus „Herrgottsbeton" wegen seiner Vielfalt an wertvollen Lebensräumen für teilweise seltene und bedrohte Tier- und Pflanzenarten ein grenzüberschreitender deutsch-österreichischer Naturpark – ein herrliches Fleckchen Erde wurde zum geschützten Refugium.

KRÄUTER

Das blühende Allgäu

Für viele Menschen sind die Pflanzen auf den Allgäuer Bergwiesen entweder Unkraut, Gräser oder Blumen. Dabei gibt es dort viele Wildkräuter, Schutz- und Heilpflanzen. Was man damit machen kann, zeigen drei Kräuterexperten.

Im Gasthof Rössle: Ob bei hausgemachten Brennnesselschupfnudeln …

Bei Axel Kulmus, dem Besitzer des Gasthofs Rössle im Westallgäuer Dörfchen Stiefenhofen, kann man sich auf eine kulinarische Entdeckungsreise der besonderen Art begeben: Axels Kräuterküche mit Blüten, Wild- und Gartenkräutern. Zum Auftakt eines Kräutermenüs gibt es beispielsweise Prosecco mit feinem Wildblütensirup, dazu knuspriges Kräuterwürzbrot im Blumentöpfle mit Löwenzahnbutter. Schon das erweist sich als zarter, herrlich ungewohnter Kitzel des Gaumens. Dann folgt eine kulinarische Offenbarung in Form eines eingelegten Alp-Ziegenkäses mit frischen Garten- und Wildkräutern, gefolgt von einem Rahmsüppchen aus Allgäuer Bergwiesenheu. Bergwiesenheu, jawohl! Die Krönung ist dann das grillierte Wallerfilet im Speckmäntelchen an heißer Lavendel-Tomaten-Butter, sorgfältig drapiert auf Brennessel-Blattspinat! Welch ungewöhnliche Köstlichkeiten in einem Allgäuer Gasthaus mitten auf dem Land! Und als wäre das alles noch nicht genug, wird zum Dessert ein Ringelblumen-Estragon- und Rosenblütenparfait an rotem Curry-Limonen-Sorbet aufgetischt. Wer hätte zuvor auch nur geahnt, dass Heu nicht nur den Kühen, sondern auch verwöhnten Schleckermäulchen bestens munden könnte? Wer hätte sich je vorstellen können, wie köstlich die Blüte der Kapuzinerkresse schmeckt, beträufelt mit Wildkräuter-Vinaigrette, als wäre es frischer Morgentau? Und wer hätte gedacht, dass intensiver Lavendelgeschmack mit dem Geschmack der Tomate perfekt harmoniert? Sie glauben, wir übertreiben? Dann probieren Sie es selbst!

Eine Blüte der besonderen Art

Artemisia ist der lateinische Name für die Pflanzengattung der rund 500 Korbblütler-Arten. Schon in der Antike wurden viele Artemisia-Arten als Heil- und Gewürzpflanzen genutzt, fast alle enthalten Bitterstoffe und

… oder bei herzhaften Fleischgerichten – die Hauptrolle spielen stets die Kräuter.

Axel Kulmus vom Landgasthof Rössle beim Kräuterernten. Und so kommt das dann im Rössle auf den (Kräuter-)Tisch.

ätherische Öle. Der Name bezieht sich auf die griechische Göttin Artemis, die Leben spendende Erdenmutter und Göttin der Jagd, die sich auch in den Mythologien vieler anderer Völker findet. So zeigt schon der Name, dass es Tilman Schlosser, der 1997 nach dem Kauf eines alten Bauernhauses und 9,5 Hektar Ackerland in Hopfen mit dem Anbau begann und Artemisia aufgebaut hat, um mehr geht als nur um den biologischen Anbau von Kräutern. Er selbst bezeichnet den Weg, den er 1997 gewählt hat, als Berufung. Im inzwischen 13 Hektar umfassenden Garten werden über 300 Kräuterarten angebaut, das Setzen, Pflegen, Ernten und Trocknen erfolgt per Hand. Der Garten ist stets zugänglich, es gibt viele Bäume, Büsche, Bächlein, Steinstrukturen und heimelige Winkel: ein Ort der Begegnung – das gilt auch für die Teestube, wo man die köstlichen Artemisia-Teemischungen genießen kann.

Hoch an Metern und Prozenten

Michels Brennerei liegt samt Alpenkräutergarten und Wohnhaus in 1300 Metern Höhe auf der sonnenverwöhnten Hörmoos-Alpe oberhalb von Steibis, direkt neben dem Berggasthaus Hörmoos-Alpe. Dorthin gelangt man entweder auf der rund dreistündigen schönen Tour vom Hochgrat über die westliche Nagelfluhkette zum Hochhäderich oder in einer Stunde zu Fuß ab der Bergstation der Imbergbahn. Die kurze Vegetationszeit in dieser Höhe, die reine Luft, die intensive Sonneneinstrahlung, das quellfrische Wasser und der steinige Boden sorgen dafür, dass die Wirk- und Geschmacksstoffe dreimal so intensiv sind wie die der Pflanzen im Flachland. Besonders die Produkte aus Vogelbeere und Meisterwurz

Bergkräuter wirken und schmecken besonders intensiv.

wurden in den letzten Jahren immer beliebter, beide Pflanzen haben in der Heilkunde seit jeher ihren Platz. Wie edel, köstlich oder wirksam Michels Produkte und hochprozentige Kreationen sind, sollte man bei einer seiner interessanten, hochprozentigen Führungen selbst herausfinden. Eine gute Grundlage im Magen ist dazu allerdings besser mitzubringen.

Die Top-Adressen

Landgasthof Rössle,
Hauptstraße 14, 88167 Stiefenhofen,
Tel. 08383 9 29 90, **www. roessle.net**

Artemisia,
Hopfen 29, 88167 Stiefenhofen, Tel. 08386 96 05 10, Mo. und Di. Ruhetag, **www.artemisia.de**

Michels Kräuter-Alp,
Alpe Hörmoos, 87534 Oberstaufen-Steibis,
Tel. 08386 98 05 51, **www.kraeuteralp.de**
Es gibt ein günstiges Kombiticket von Imbergbahn, Führung und Schnapsprobe.

Allgäuer Kräuterland
In diesem Verein (**www.allgaeuer-kraeuterland.de**) haben sich 15 kräuterpflegende Höfe zusammengeschlossen.

Wohlschmeckender Augenschmaus: Wildkräutersalat

BAD WALDSEE
BAD WURZACH
Wolpertswende
Bergatreute
Baindt
Baienfurt
WEINGARTEN
RAVENSBURG
Schlier
Waldburg
Wolfegg
Kißlegg
LEUTKIRCH im Allgäu
Grünkraut
Bodnegg
Amtzell
Vogt
WANGEN im Allgäu
Argenbühl
ISNY im Allgäu
TETTNANG
Neukirch
Achberg
Hergensweiler
LINDENBERG im Allgäu
Heimenkirch
Weiler-Simmerberg
Oberstaufen
Kressbronn am Bodensee
Weißensberg
Sigmarszell
Scheidegg
Hohenweiler
Bodolz
Wasserburg (Bodensee)
LINDAU (Bodensee)
Hörbranz
Lochau
BREGENZ
Hard
Kennelbach
Fußach
Höchst
Lauterach
Wolfurt
Langen
Sulzberg
Krumbach
Langenegg
Oberreute
Hergatz
Maßstab 1:200.000
0
2
4km
Oberschwäbische Barockstraße
Deutsche Alpenstraße
Naturpark Nagelfluhkette
1
2
3
4
5
6
7
8

Vielfältiger Westzipfel Bayerns

Die mediterran wirkende bayerische Bodenseeregion, das grüne, hügelige Alpenvorland, zauberhafte Städtchen und über all dem aufragend der Naturpark Nagelfluhkette – der äußerste Westen Bayerns hat viele touristische Klassiker, es gibt aber auch viel Neues zu entdecken.

1 Wolfegg

Der Heilklimatische Kurort (3400 Einw.) mit dem Flair einer barocken Residenz liegt an der Oberschwäbischen Barockstraße.

SEHENSWERT

Das vierflügelige **Schloss** überragt seit dem 16. Jh. den Ort (privat, nur bei Schlosskonzerten zugänglich). Die zum Schloss gehörende spätbarocke **Stiftskirche St. Katharina** (1773 bis 1747) zeigt ein schönes Deckenfresko. Die **Alte Pfarr**, im 12. Jh. errichtete einstige Pfarrkirche, ist heute Veranstaltungsraum. Von der **Loretokapelle** aus dem 17./18. Jh. hat man einen Panoramablick bis zu den Alpen.

MUSEEN

Das **Automobilmuseum von Fritz B. Busch** TOPZIEL in einem Nebengebäude des Schlosses ist mit über 200 Oldtimern, Motorrädern, Traktoren etc. eines der größten privaten Automuseen Deutschlands (Tel. 07527 62 94, www.automuseum-busch.de; Ende März–Anfang Nov. tgl. 10.00–17.00 Uhr). Um ein Fischerhaus der Schlossherren (1788; Museumsgaststätte) entstand das **Bauernhausmuseum** (Tel. 07527 9 55 00, www.bauernhaus-museum.de; Mai–Sept. tgl. 10.00–18.00, März, April, Okt. und Nov. Di.–So. 10.00–17.00 Uhr).

VERANSTALTUNGEN

Im Juni finden die **Internationalen Wolfegger Konzerte** statt (www. konzerte-wolfegg.de).

INFORMATION

Tourismus-Information, Rötenbacher Straße 13, 88364 Wolfegg, Tel. 07527 96 01 51, www.wolfegg.de

2 Kißlegg

Zwischen sechs Seen, sechs Naturschutzgebieten und sieben Mooren liegt der Luftkurort (8600 Einw.) mit Park und zwei Schlössern.

SEHENSWERT

Das **Alte Schloss** am Zeller See mit Staffelgiebel und runden Ecktürmen ist privat und

Altes Schloss in Kißlegg (oben links), Herrenstraße in Wangen (oben rechts); Obstbaumidyll am Adelegg nahe Isny (unten)

nicht zu besichtigen (16. und 18. Jh.). Das **Neue Schloss** wurde bis 1727 von Meistern des oberschwäbischen Barocks gestaltet (mit Museum Rudolf Wachter; April–Okt. Di., Do., Fr. 14.00–17.00, So., Fei. 13.00–17.00 Uhr). Interessant ist auch die **Heimatstube** mit einem Käsereimuseum (Schloss; April–Okt. So. 14.00 bis 17.00 Uhr). Ein „Silberschatz" aus dem 18. Jh., die Stuckarbeiten und die Kanzel werden bei einer Führung in der Basilika **St. Gallus und Ulrich** vorgestellt (April–Okt. Mi. 15.00 Uhr).

INFORMATION

Gäste- und Bürgerbüro, Rathaus, Schlossstraße 5, 88353 Kißlegg, Tel. 07563 93 61 42, www.kisslegg.de

3 Leutkirch

Das oberschwäbische Mittelzentrum hat einen denkmalgeschützten Kern. Die Große Kreisstadt (22 400 Einw.) gehört zu den flächenmäßig größten Gemeinden Baden-Württembergs.

SEHENSWERT

Am Nordrand der **Altstadt** ist das spätbarocke **Rathaus** zu finden (1741), dessen Ratssaal mit üppiger Stuckdekoration aufwartet. Dahinter der Stadtplatz Gänsbühl mit dem mittelalterlichen **Bockturm**. Weiter östl., im „geistlichen Viertel", erhebt sich seit 1519 **St. Martin** an der Stelle der früheren „Leutekirche".

INFORMATION

Tourist-Information, Marktstraße 32, 88299 Leutkirch im Allgäu, Tel. 07561 871 54, www.leutkirch.de

4 Wangen

Der reizende Luftkurort mit einer mittelalterlichen Altstadt gehört zu den schönsten Süddeutschlands. Heute ist Wangen im Allgäu (26 800 Einw.) württembergisch.

SEHENSWERT
Die denkmalgeschützte **Altstadt** wird bestimmt von Patrizierhäusern, Wirtshaus- und Zunftschildern und Brunnen. Vom Frauentor (15. und 17. Jh.) führt die spätgotisch geprägte **Herrenstraße** zum Marktplatz mit dem **Rathaus** (1721). Die **St.-Martin-Kirche** (Urspr. 12. Jh.) gehört zu den ältesten Bauten der Stadt.

MUSEEN
Die bis 1937 betriebene Eselmühle (1568) beherbergt das **Heimatmuseum**, eine **Sammlung mechanischer Musikinstrumente** (Vorführung Mi. und Sa. 15.00 Uhr) und das **Käsereimuseum** (Eselberg 1, Tel. 07522 91 26 82; April–Okt. Di.–Fr. und So. 14.00–17.00, Sa. 11.00–17.00 Uhr). Über den Wehrgang des Stadtmauerrestes gelangt man zu den Museen für Joseph Freiherr von Eichendorff (1788 bis 1857) und den nationalliberalen Publizisten Gustav Freytag (1816–1895) sowie durch den Pulverturm (15. Jh.) zum **Museum in der Badstube**, in dem authentisches mittelalterliches Badeambiente vermittelt wird (1. April–31. Okt. Di.–So. 14.00–17.00, Sa. 11.00–17.00 Uhr).

VERANSTALTUNGEN
Seit 1330 ist Mi. großer **Wochenmarkt**. Danach geht man seit 1505 zum „Fidelisbäck", einer Bäckerei mit Gastwirtschaft (Paradiesstraße 3, www.fidelisbaeck.de; Mo.–Fr. 8.00 bis 22.00, Sa. 7.30–14.00 Uhr). Am **Fastnachtsmontag** treiben es die Narren bunt.

INFORMATION
Tourist Information, Marktplatz 1, 88239 Wangen im Allgäu, Tel. 07522 7 42 11, www.wangen.de

5 Isny

Die einst freie, streng protestantische Reichsstadt mit ihrer attraktiven Altstadt ist heute heilklimatischer Kurort. Zu Römerzeiten querte eine wichtige Straße den heutigen Stadtrand. Seit 1806 ist Isny (9300 Einw.) württembergisch.

Historisch bedeutend

Der inzwischen verfallende, leider schon lange nicht mehr bewirtschaftete Gasthof Adler in Isny-Großholzleute hat eine spannende Geschichte: 1525 trafen sich in dem um 1400 eröffneten Gasthaus Aufständische des Bauernkrieges. 1768 war Kaiserin Maria Theresia auf der Durchfahrt zu Gast, 1770 Marie Antoinette auf dem Weg nach Frankreich. 1908 passierte die letzte Postkutsche. 1947 tagten die Gründungsmitglieder der Literaten-„Gruppe 47" hier. Und 1987 war die englische Prinzessin Anne zu Besuch.
Ehemaliger Gasthof Adler, direkt an der Bundesstraße 12 in Isny-Großholzleute

SEHENSWERT
Die historische **Altstadt** rund um den Marktplatz und das **Rathaus** (15./16. Jh.) mit Resten der Wehranlage (15. und 16. Jh.), sechs Türmen und Patrizierhäusern ist denkmalgeschützt. Das „Schloss" war einst Teil des Benediktinerklosters (17. Jh.), zu dem auch die kath. Pfarrkirche **St. Georg und Jakobus** gehörte. In der 1631 nach einem Brand wiedererrichteten ev. **Nikolaikirche** (urspr. 13. Jh.) blieb die Predigerbibliothek erhalten (Führung Ostern bis Okt. Mi. 10.30, jeden 1. Sa. im Monat 15.30 Uhr).

MUSEEN
Das **Museum am Mühlturm** präsentiert u. a. Stadtgeschichte und Leinenherstellung sowie als Besonderheit eine Münzschmiede- und Präge-Werkstatt (Fabrikstraße 21, Tel. 07562 9 34 34; Sa. und So. 14.00–17.00 Uhr). Das **Museum im Wassertor** (urspr. 13. Jh.) zeigt u. a. ein original erhaltenes Verlies, eine Feuerwehr-Ausstellung und eine Türmerwohnung (Wassertorstraße 40, Tel. 07562 9 34 34; Führung Mai–Okt. Sa. 14.00 Uhr).

AKTIVITÄTEN
Wanderungen empfehlen sich zum Schwarzen Grat bei Adelegg (1118 m, östl.) oder durch den Eistobel bei Riedholz (südl.).

VERANSTALTUNGEN
Das **Isny-Opern-Festival** findet im Juli statt (www.isny-oper.de).

INFORMATION
Büro für Tourismus, Kurhaus, Unterer Grabenweg 18, 88316 Isny, Tel. 07562 97 56 30, www.isny.de

6 Lindau

Das Touristenzentrum liegt im bayerischen Winkel des „Schwäbischen Meers". Namengebend war ein 882 erwähntes Kloster. Nachdem dieses 1079 auf die Insel gezogen war, entwickelte sich zwischen Stift und Fischerdorf eine blühende Kaufmannssiedlung, die von der verkehrsgünstigen Lage an einer transalpinen Route ebenso profitierte wie vom Bodensee als Wasserstraße und im 13. Jh. zur Reichsstadt aufstieg. Seit 1805 ist Lindau (24 400 Einw.) bayerisch.

Die Wahrzeichen Lindaus: Löwe und Leuchtturm an der Hafeneinfahrt

SEHENSWERT
Zentrales Ziel ist der **Hafen** mit dem **Mangturm** (13. Jh.), mit **Leuchtturm** und **Löwe** (beide 1856), lohnend aber die ganze **Altstadt**. Am **Alten Rathaus** (1422) beeindrucken die Fresken zur Stadtgeschichte (bis 1887), die überdachte Freitreppe (um 1575) und der gotische Ratssaal. Die **Peterskirche** mit Fresken von Hans Holbein d. Ä (15. Jh.), um 1000 erbaut, ist die älteste Lindauer Kirche. Am Marktplatz stehen die ev. Stadtpfarrkirche **St. Stephan** (1180 und 18. Jh.) und die kath. Kirche **Mariä Himmelfahrt** (1748–1752) des einstigen Damenstifts.

MUSEUM
Seit 1929 dient der Barockbau **Haus zum Cavazzen** TOPZIEL als **Stadtmuseum**. Das „schönste Bürgerhaus am Bodensee" zeigt u. a. Möbel, Grafiken, Spielzeug und mechanische Musikinstrumente (Marktplatz 6, Tel. 08382 94 40 73; Ende März–Ende Aug. Mo. bis So. 10.00–18.00, Anfang Sept.–Mitte Okt. Di.–Fr., So. 11.00–17.00, Sa. 14.00–17.00 Uhr).

AKTIVITÄTEN
Der **Bodensee-Radweg** führt um den Ober- und Untersee (ca. 350 km; www.bodensee-radweg.com); dank der Bodensee-Schifffahrtsgesellschaften kommt man stets problemlos zurück. Attraktiv sind das Römerbad am Hafen (im Sommer tgl. 9.00–20.00 Uhr) und das **Aeschacher Bad** am Festland.

VERANSTALTUNGEN
Lindau ist Veranstaltungsort des **Internationalen Bodenseefestivals** (www.bodenseefestival.de). **Rund Um** im Juni ist eine Nachtregatta für Segelyachten um das Blaue Band des Bodensees. Mitte Juli findet das **Stadtfest** statt und vor den Sommerferien wird seit über 360 Jahren das **Kinderfest** gefeiert.

UMGEBUNG
Wasserburg ist ein hübsches Dörfchen auf einer Halbinsel 5 km westl. und der Geburtsort von Martin Walser. Mit Zwiebelturm-Kirche (17./18. Jh.), Schloss (16. Jh., heute Hotel) und Malhaus, heute Heimatmuseum (Tel. 08382 89369; April–Okt. Di.–So. 10.30–12.30, Mi., Sa. und So. auch 14.30–17.00 Uhr). Das idyllische Weindorf **Nonnenhorn** (875 brachten Mönche Rebstöcke mit und pflanzten sie hier an) ist Luftkurort. Der Weintorkel, älteste und größte Weinpresse der Bodenseeregion, stammt von 1591, die gotische St.-Jakobus-Kapelle aus

dem 15. Jh. (u. a. Kreuzigungsgruppe von 1646). Beliebt sind die drei „Rädle" mit Hof- oder Gutsausschank und die Winzerfeste im Aug.

INFORMATION
Lindau Tourismus und Kongress GmbH, Lennart-Bernadotte-Haus, Alfred-Nobel-Platz 1, 88131 Lindau, Tel. 08382 26 00 30, www.lindau-tourismus.de

7 Lindenberg

Die kleine Stadt (11 500 Einw.) zählt zu den sonnenreichsten Orten in Deutschland.

MUSEUM
Das **Hutmuseum** berichtet nicht nur von der Hutherstellung, sondern auch vom einstigem Pferdehandel (Brennterwinkel 4; Febr.–Okt. Mi. 15.00–17.30, So. 10.00–12.00 Uhr).

VERANSTALTUNGEN
Der **Lindenberger Huttag** Anf. Mai ist ein großes Stadtfest rund um die Kopfbedeckung. Ende Aug. bietet das **Internationale Käse- und Gourmetfest** kulinarische Schmankerln.

AKTIVITÄTEN
Idyllisch badet es sich im **Waldsee**, Deutschlands höchstgelegenem Moorbadesee.

UMGEBUNG
Weiler-Simmerberg besteht aus mehreren Gemeinden. Zentrum ist der Dorfplatz von Weiler mit dem schmucken Rathaus (1681) und der klassizistischen Pfarrkirche St. Blasius (1796).

INFORMATION
Tourist Information, Stadtplatz 1, 88161 Lindenberg im Allgäu, Tel. 0838180328, www.lindenberg.de

8 Oberstaufen

Das einstige Bergbauerndorf hat sich zu einer teils mondänen „Lifestyle-Destination" entwickelt. Dr. Hermann Brosig führte 1949 die Schrothkur ein und machte Oberstaufen zum einzigen Schrothkur-Heilbad Deutschlands mitten in einer attraktiven Wander- und Skiregion.

VERANSTALTUNGEN
Die **Kulturtupfer Oberstaufen** im Sept./Okt. vereinen Klassik, Jazz und Kleinkunst.

AKTIVITÄTEN
Das **Erlebnisbad Aquaria** bietet viele Wasservergnügen (Alpenstraße 5, Tel. 0838693130, www.aqua ria.de; tgl. 9.00–22.00 Uhr). Seilbahnen erschließen **Wander-** und **Skigebiete** in Steibis am Hochgrat und Imberghorn sowie am Hündle nahe Thalkirchdorf.

INFORMATION
Oberstaufen Tourismus Marketing, Hugo-von-Königsegg-Straße 8, 87534 Oberstaufen, Tel. 0838693000, www.oberstaufen.de

Genießen Erleben Erfahren

DuMont Aktiv

Auf nach Scheidegg!

Die Gemeinde im Westen des Allgäus ist bekannt als Kur- und Kneipport und wegen ihrer Wasserfälle, die zu den 100 schönsten Geotopen Bayerns zählen. Aber Scheidegg hat Aktivurlaubern noch so viel mehr zu bieten.

Das bekannteste Ausflugsziel sind die Scheidegger Wasserfälle mit ihrer wildromantischen Flusslandschaft. Die ganze Gegend ist ein ideales Revier für Wanderer oder Radler. Außerdem ist Scheidegg dank des voralpinen Reizklimas und der guten Luft ideal für Kurende und Genesende. Mit Kliniken, Sanatorien und Kurhäusern bietet Scheidegg ein breites Spektrum an Therapieverfahren – weit über die bekannten Kneipp- und Schrothkuren hinaus. Bekannt ist die Gemeinde auch dafür, dass man glutenfrei Urlaub machen kann. Bäckerei, Metzgerei und Restaurants haben sich darauf eingestellt. Es gibt auch schöne Kur- und Kneippanlagen mitten im Ort, einen 9-Loch-Golfplatz, einen Hochseilgarten und gleich daneben die Sportalm Scheidegg mit der großen Kletterhalle, in der internationale Wettkämpfe durchgeführt werden. Die jüngste Attraktion ist der „Skywalk Allgäu", wo man zwischen den Baumwipfeln wandeln kann – bei 360-Grad-Panoramablick und familienfreundlichen Einrichtungen.

Wanderziel: Scheidegger Wasserfälle

Das AlpenFreibad – gepflegt und chlorfrei – ist hingegen schon seit vielen Jahren beliebt, nicht zuletzt wegen seines herrlichen Panoramablicks. Nach einer anstrengenden Bike- oder Wandertour durch Wald und Wiesen am späten Nachmittag im weichen Wasser des Naturbads eine Runde schwimmen, den Panoramablick genießen und sich danach ein Weißbier in der urigen Wirtschaft „Forster Einkehr" gönnen – das sind Urlaubstage, die man dann nie mehr vergisst!

Weitere Informationen

Kurverwaltung: Rathausplatz 4, 88175 Scheidegg, Tel. 08381 8 95 55, www.scheidegg.de; Mo.–Fr. 9.00–17.00, Sommerferien auch Sa. 10.00–12.00 Uhr

Die **Wasserfälle** sind von April bis Okt. zugänglich, das **AlpenFreibad** im Sommer bei entsprechender Witterung tgl. 9.00–19.00 Uhr.

Märchen-schlösser contra Natur

Hauptattraktionen des östlichen Allgäus sind die beiden malerisch über dem Füssener Seenland thronenden Königsschlösser. Auch Füssen hat kulturgeschichtlich manches zu bieten. Die Trümpfe von Pfronten und dem Tannheimer Tal sind herrliche Bergwander-, Radel- und Kletterreviere, urige Hütten und viele ungewöhnliche Freizeitangebote.

Schloss in Spitzenlage: Neuschwanstein vor dem Tegelberg, an einem herbstbunten Sonnentag

Aus der Bibliothek im Füssener Kloster St. Mang blickte man hinab in den Speisesaal (ganz oben). Die Heiligen Christophorus und Florian schmücken die Fassade der Füssener Spitalkirche (oben). Einblicke in den Geigen- und Lautenbau gewährt das Museum im Kloster St. Mang (rechts).

Blick vom Hohen Schloss auf Füssens ehemaliges Kloster St. Mang

Die leichte Verfügbarkeit von „Tonhölzern" – Fichte, Ahorn und Eibe – aus den nahen Bergwäldern förderte Füssens Bedeutung im Instrumentenbau.

Der touristische Rekordhalter im Ostallgäu ist mit über 1,3 Millionen Besuchern im Jahr Schloss Neuschwanstein, die Burg des Bayernkönigs Ludwig II. War das kompakte, ockerfarbene Schloss Hohenschwangau, in dem Ludwig II. aufwuchs, für ihn das „Paradies auf Erden, das ich mit meinen Idealen bevölkere, und wo ich glücklich bin", so wurde Schloss Neuschwanstein für ihn zum Kosmos seiner Phantasien und zur Gralsburg. Die Bilderzyklen und gewaltigen Fresken der prunkvoll ausgestatteten Burg sind inspiriert von den Opern des von ihm verehrten Richard Wagner. Ludwigs religiöse und politische Vorstellungen spiegeln sich im prunkvollen Thronsaal wider in den Abbildungen von heilig gesprochenen Königen, Szenen aus dem Alten Testament, den Zwölf Aposteln oder dem Kampf des hl. Georg gegen den das Böse verkörpernden Drachen ... Motive und Symbole, die zeigen, wie sich Ludwig II. das Königtum vorstellte: von Gottes Gnaden, als heiligen Auftrag.

Technisch war Schloss Neuschwanstein seiner Zeit weit voraus: fließendes Wasser in allen Stockwerken, Toiletten mit automatischer Spülung, zentrale Warmluftheizung, Rufanlagen, Telefon ... Ludwig II. wohnte zwar insgesamt 172 Tage in seinem Schloss, aber der Großteil der Burg war damals noch nicht fertiggestellt. So hat der König selbst nie ein Konzert im festlichen Sängersaal mit seiner gerühmten Akustik erlebt. Heute steht dort bei den Schlosskonzerten nicht nur Wagnermusik auf dem Programm – die hochkarätigen Klassikdarbietungen sind stets rasch ausgebucht.

Musik liegt in der Luft

Für einen Bummel durch Füssens schöne Altstadt mit Besichtigung des Hohen Schlosses und einem längeren Besuch des großartigen Museums im ehemaligen Benediktinerkloster St. Mang sollte man viel Zeit einplanen. Das Kloster stammt aus dem 9. Jahrhundert und geht auf die Gründung einer Mönchszelle durch den hl. Magnus aus St. Gallen um 730 zurück. Die prachtvoll stuckierten Räume wie Fürstensaal, Refektorium und die zweistöckige, lichtdurchflutete Bibliothek sind sehr beeindruckend – ebenso wie der Füssener Totentanz in der St.-Anna-Kapelle. Dieser älteste Totentanz Bayerns wurde 1602 von Jakob Hiebeler geschaffen und ist stark vom Baseler Totentanz und Holbeins Holzschnitten in Lyon beeinflusst. Die größte Attraktion des Museums aber ist das Lauten- und Geigenmuseum. Es erinnert daran, dass Füssen im 16. und 17. Jahrhundert das Lautenmacherzentrum Europas war. 1562 wurde hier auch

Ziel der alljährlichen Reiterwallfahrt ...

... ist St. Coloman bei Füssen.

In einem schmalen Chorraum erhebt sich der Hauptaltar der Wieskirche.

Reiterwallfahrt mit Blick auf Neuschwanstein

die erste Lautenmacherzunft Europas gegründet, die die Ausbildung und die Zahl der ansässigen Meister streng reglementierte – was zur Auswanderung vieler Instrumentenbauer in die ganze Welt führte, vor allem in die kulturellen Zentren Italiens, wo sie ihrerseits Werkstätten und Schulen eröffneten. In der Geigenmacherwerkstatt von Konrad Leonhardt kann man zuschauen, wie solche Meisterwerke entstehen. Sonderausstellungen und Konzerte in den historischen Räumen sind weitere Attraktionen dieses einzigartigen Museums.

Heu als Wickel und auf dem Teller

Wie viele andere Allgäuer Gemeinden setzt auch der Kurort Pfronten auf die heilklimatischen und touristischen Reize seiner Bergwelt. Neben den üblichen Kur-, Wellness- und Aktivurlaubsangeboten für die ganze Familie hat Pfronten für seine Gäste ungewöhnliche Ideen parat. Herausragend ist allerdings die Rolle, welche das Heu in Pfronten spielt – was sich schon darin zeigt, dass es dort eine auf zwei Jahre gewählte Heukönigin für repräsentative Anlässe gibt. Sie wirbt dabei auch für die Pfrontener Heukur, eine therapeutische Anwendung, die es in sich hat: Das „Heuliegen“ ist in Bergregionen bekanntlich ein schon lange bewährtes Haus- und Heilmittel bei „Gliederreißen“, Rheuma, Gicht und Hexenschuss. Diese heilsame Wirkung ist die Grundlage der Pfrontener Heukur.

Doch ist Heu nicht gleich Heu – seine Wirksamkeit ist abhängig von der Zusammensetzung und Menge der darin enthaltenen Heilkräuter. Das Ergebnis einer wissenschaftlichen Untersuchung im Auftrag des Pfrontener Heukurverbands war für diesen höchst erfreulich: Bis zu 136 Heilkräuter, Wiesenblumen und Gräserarten pro Quadratmeter Wiese zählten die Experten, 16 Wirkstoffe konnten nachgewiesen werden, die bei korrekter Anwendung ihre positive Wirkung entfalten. Für die Wickel darf nur das Heu von geprüften Bergwiesen in 1000 Metern Höhe verwendet werden, das von Hand gemäht und nach dem Wenden möglichst am selben Tag eingebracht wurde. Das kurzhalmige, pieksende Heu wird dann als Füllung zwischen Naturleintücher eingenäht. So entsteht eine dicke Steppdecke, in die der Patient bei fünf Anwendungen eingewickelt wird. Damit das ganze Spektrum an ätherischen Ölen freigesetzt wird und von der Haut und den Atmungsorganen aufgenommen werden kann, werden die Ganzkörperwickel angefeuchtet und auf 53 Grad Celsius erhitzt. Im Innern des Wickels herrschen dann mit 41 Grad und 100 Prozent Luftfeuchtigkeit optimale Bedingungen für die Entfaltung der Wirkstoffe.

Wer das Pfrontener Heu auf diese Weise zu schätzen gelernt hat, ist ein idealer Kandidat für den Bergwiesenpfad samt Heumuseum zwischen Kappel und Röfleuten und danach für ein köstliches Heumenü im Restaurant Bergpanorama – wobei die Bergwiesenkräuter und Blüten des Heus nur zum Würzen verwendet werden. Gegessen wird es nicht.

Beim Tiroler Nachbarn

Im Jahr 1583 klagte der Pfarrer von Tannheim dem Bischof von Augsburg sein Leid: „Wir sitzen an einem rauchen, wil-

„Die Wies ist ein Stück Himmel auf dieser leidvollen Erde.“

Peter Dörfler, Priester und Dichter, über die Wieskirche

Sakraler Charakter im Thronsaal von Neuschwanstein:
Ludwig II. verstand sich als König von Gottes Gnaden.

Immobilie in Traumlage: Der Torbau war 1873 der erste bezugsfertige Bereich von Schloss Neuschwanstein.

„Ein ewig Rätsel will ich bleiben mir und anderen."

Ludwig II. als Jugendlicher an seine Erzieherin

Drachenflieger am Tegelberg

Pause am Radlerparadies Forggensee

Bilderbuchpanorama: Der Alpsee (links) und der Schwansee (rechts) rahmen den Bergvorsprung ein, auf dem Schloss Hohenschwangau majestätisch thront.

Hoch über Schwangau: Branderschrofen

Special

Freizeitideen

Anders als andere

In Pfronten bereichern auffallend viele pfiffige Ideen das landauf, landab bekannte Urlaubsangebot. Neben den üblichen Bergschul-Aktivitäten wie Klettern, Radeln, Canyoning und Skitouren hat beispielsweise die Bergschule Freudig Höhlenklettern für Groß und Klein im Programm, Bergwandern oder Schneeschuhwandern mit Übernachtung im Heustadel, Tube-Rafting auf einem dicken Reifen im Wildbach oder im Winter eine lange Schneebob-Abfahrt vom Breitenberg. Die Bergschule Altissimo bietet Schlafen auf Bäumen an oder im selbst gebauten Iglu – was gar nicht so kalt ist. Die abgesicherte Übernachtung auf einer zeltähnlichen Plattform hoch oben in einer Felswand mit Blick in die Tiefe ist unvergesslich – allerdings nicht für jeden geeignet. Außerdem gibt es den Wald-Hochseilgarten von Altissimo und als Winteralternative einen Eiskletterturm. Einige Sportangebote kann man mit einem Holzschnitzkurs und der Anleitung zum Spielen oder Bau eines Didgeridoos verbinden, des legendären Musikinstruments der australischen Ureinwohner. Wenn es einen nicht in den Pfrontener Werkstadel zieht zum Glasperlendrehen, Papierschöpfen, Schnitzen, Töpfern, Filzen und vielem mehr.

Canyoning bei den Stuibenfällen

den und spärn Ort, da (so) wenig Traidt (Getreide) waxt, daß sich ein Pfarrer ob dem Zehendt und den Einkhomen nit erhalten khundt, sonderlichen, wann kalt Wetter ainfalt und früe zuschneibt…" Diese ergreifenden Sätze aus der Pfarrchronik zeigen deutlich, wie es um die Lebensbedingungen im Tannheimer Tal vor Beginn des Tourismus bestellt war. Die Talbewohner und in Folge auch die von ihnen ernährten Pfarrer hatten es schwer, im nordwestlichsten Winkel Tirols mit seinen langen, harten Wintermonaten ein Auskommen zu finden.

Das schönste Hochtal Europas?

Heute gehört das Tal, das der Münchner Reiseschriftsteller Ludwig Steub 1846 in seinem Buch als „das wahrscheinlich schönste Hochtal Europas" bezeichnete, als „idyllische, etwa vier Stunden lange Landschaft voll schöner Wiesen und anmutiger Dörfchen", zu den beliebtesten Bergwanderregionen Österreichs und ist eine geschätzte Wintersportregion.

Neben einigen Orten direkt in diesem lang gestreckten Tal zwischen Oberjoch und Gaichtpass zählt auch die 300-Einwohner-Gemeinde Jungholz dazu. Sie ist knapp acht Quadratkilometer groß und liegt, umgeben von deutschem Terrain, als österreichische Enklave auf einer Sonnenterrasse am Fuß des Sorgschrofen.

Eingebettet zwischen bunten Wiesen und hohen Bergen liegt auf fast 1200 Metern Höhe der Vilsalpsee in einem wunderschönen Hochtal des gleichnamigen Naturschutzgebietes im Tannheimer Tal.

Mit zwei Pferdestärken kann man geruhsam zum Vilsalpsee gelangen, ...

... zur Tannheimer Hütte kommt man allerdings nur zu Fuß.

Wollgras überzieht diese Bergwiese im Tannheimer Tal.

Hütten

Special

Zufluchten auf Bergeshöh'

Überall in den Allgäuer Alpen gibt es bewirtschaftete Hütten des Deutschen Alpenvereins (DAV), wie die Tannheimer Hütte im gleichnamigen Tal, die Bad-Kissinger-Hütte am Aggenstein oder die großen DAV-Hütten am Allgäuer Hauptkamm. Außerdem werden in Seilbahnnähe Berghütten oder rustikale Alphütten oft privat bewirtschaftet.

Waltenberger Haus am Allgäu-Hauptkamm

Die Hütten in höheren Lagen wurden einst als Stütz- und Ausgangspunkte für lange Touren gebaut, die man aus dem Tal ohne Biwak nicht schaffen würde. Sie bieten Schutz vor Wetterwidrigkeiten, ein rustikales Lager oder Bett, Verpflegung, Wärme und Hilfe in Notlagen. Die DAV-Hütten und die Wege dorthin werden in mühevoller, ehrenamtlicher Arbeit von den Sektionsmitgliedern instand gehalten, sind meist mit effizienten ökologischen Energieversorgungssystemen ausgestattet und mit umweltgerechter Entsorgung des Abwassers – das bedeutet hohe Investitionen. Wer DAV-Hütten und Alpen besucht, die nicht in Seilbahnnähe liegen, kann daher nicht die Leistungen und Preise erwarten wie in einem Berggasthaus im Tal. Bedenken sollte man, dass ein intakter Weg, ein Dach über dem Kopf, ein sauberes Lager und eine gute Küche in den Bergen nicht selbstverständlich sind – und sich entsprechend verhalten. Dazu gehört beispielsweise, den Abfall wieder mit hinabzunehmen ins Tal.

Mrs. Roosevelt und der kapitale Hecht

Größter See im Tannheimer Tal ist der Haldensee, aus dem 1937 schon Mrs. Roosevelt, die Mutter des damaligen amerikanischen Präsidenten, einen kapitalen Hecht gezogen haben soll. Herrlich gelegen ist das von hohen Bergen umrahmte Naturschutzgebiet Vilsalpsee. Mit all den bunten Wiesen, Seen, Zinnen, steilen Wänden und urig-gemütlichen Hütten wird dieses reizvolle Tal vielen Ansprüchen gerecht: Bergwanderer genießen das großartige Revier mit zahlreichen attraktiven Gipfelzielen, Radwanderer finden flache Wege im Tal, konditionsstarke Mountainbiker Trails für jedes Niveau. Kletterer schätzen die vielen alpinen, meist gut abgesicherten Routen an der Roten Flüh, an Gimpel, Hochwiesler, Aggenstein und Gehrenspitze. Und die eher kontemplativen Genießer, die nehmen die Seilbahnen zum Füssener Jöchle, zum Wannen- oder Neunerkopf und zur Krinne, schauen den Gleitschirmfliegern beim Abheben zu, genießen den herrlichen Panoramablick, wandern eine kleine Runde und kehren dann gemütlich ein zu herzhaften österreichischen Spezialitäten oder einer Süßspeise, wie einem hauchfein ausgezogenen, ofenwarmen Apfelstrudel, der fast von selbst auf der Zunge zergeht.

E-BIKE-REVIER ALLGÄU

Neue Dimensionen für Radler

Seit einiger Zeit sorgen im Allgäu E-Bikes für Begeisterung. Mit der eigenen Muskelkraft und elektrischer Unterstützung nach Bedarf wird das Radeln zum puren Vergnügen für jedermann.

Ausleihen, aufsitzen und los: Seit geraumer Zeit stehen Allgäu-Urlaubern Verleih- und Akku-Wechselstationen für E-Bikes zur Verfügung.

Landschaftlich reizvolle Radtouren auf wenig oder gar nicht befahrenen Alpensträßchen, Routen rund um Seen und zu bedeutenden kunsthistorischen Sehenswürdigkeiten, mehrtägige Radtouren, Themenradwege und ungezählte Routen für sportliche Mountainbiker am Allgäuer Hauptkamm, an der Nagelfluhkette, der Hörnergruppe, in den Füssener, Tannheimer oder Kleinwalsertaler Bergen – das Allgäu ist ein riesiges Bikerevier. Viele Routen sind aber doch zu lang oder zu steil – da bietet sich das E-Bike als hilfreiche Alternative zum einfachen Drahtesel an. Im Allgäu wird bereits seit geraumer Zeit ein flächendeckendes Netz mit Verleih- und Akku-Wechselstationen aufgebaut. Verleihstationen sind Hotels, Sportgeschäfte und Fremdenverkehrsämter. Hinzu kommen beispielsweise in Oberstdorf „movelo-Zentren" der in Bad Reichenhall ansässigen Firma Movelo, die sich selbst als den größten europäischen Anbieter für Elektromobilität im Tourismus bezeichnet und einen ebenso simplen wie treffenden Slogan hat: „clever radfahren!"

E-Bikes sind keine mopedähnlichen Fahrräder mit knatterndem Hilfsmotor, sondern „elektromobile Fahrräder", bei denen die Pedalkraft nach Bedarf unterstützt, nicht aber ersetzt wird.

Cool E-biken oder warm duschen?

Bei den von Movelo eingesetzten Elektrofahrrädern „Swiss Flyer" handelt es sich um Pedelecs (Pedal Electric Cycles): Bei diesem E-Bike-Typ misst ein Sensor, wie viel Kraft der Fahrer beim Treten der Pedale investiert. Diese wird dann je nach gewählter Stufe bis zu 300 Prozent durch den leisen, aber starken Elektromotor unterstützt. Der Fahrer muss also wie bisher treten, bekommt aber auf Wunsch zusätzlichen Schub. Die Höchstgeschwindigkeit, bis zu der der Elektromotor unterstützend eingreift, liegt bei 25 Kilometern pro Stunde. Die Energieversorgung für den Elektromotor erfolgt über eine Lithium-Ionen-Mangan-Batterie. Die Reichweite eines vollen Akkus ist vom Gewicht und dem Krafteinsatz des Fahrers sowie von der Steilheit des Geländes abhängig, reicht aber im weitgehend flachen Gelände bis zu 60 Kilometer.

Die Nachfrage boomt, längst haben etwa Familien erkannt, dass sie auf diese Weise gemeinsam auch längere Radtouren zu attraktiven Zielen machen können. Auch Bergschulen setzen E-Bikes ein, um entlegene Ausgangspunkte anspruchsvoller Touren mit allen Mitgliedern einer Gruppe ohne allzu großen Kraftverlust zu erreichen. Bedenken, dass damit die letzten stillen Winkel der Berge per Bike erobert werden, sind laut Experten nicht haltbar: E-Biker bleiben normalerweise auf asphaltierten Sträßchen oder breiten Waldwegen, weil sie technisch schwierigere Routen nicht bewältigen. Für das E-Bike spricht zudem, dass dadurch viele Autofahrten überflüssig werden – Urlauber können sogar ihren Autoschlüssel gegen ein E-Bike tauschen und gleich mit der Bahn anreisen, da sie ja vor Ort e-mobil sind.

Weitere Informationen

Eine Übersicht aller **movelo**-Stationen im Allgäu findet man auf der Website www.allgaeu.info, wo man die Broschüre „movelo E-Bike-Spaß im Allgäu" herunterladen kann. Mitten in Oberstdorf befindet sich am Bahnhofsplatz das movelo-Testcenter mit Verleihstation (Tel. 08322 9 52 90, www.e-bike-allgaeu.de).

Die Firma **Allgäu Natours** (Keselstr. 1a, 87435 Kempten, Tel. 0831 5 23 27 20, www.allnatours.de) in Kempten bietet ein- bis achtstündige geführte E-Bike-Touren ab Kempten und Immenstadt an: vom Lunchbreak über die Sunset- und Romantik-Tour bis hin zur Steinbock- oder Nagelfluh-Tour, teils mit Einkehr auf urigen Sennalpen oder in Hütten. Es gibt auch einen Abhol- bzw. Shuttle-Service für bis zu vier Personen, der Sie zu Ihrem E-Bike bringt oder das E-Bike zu Ihnen.

KAUFBEUREN
Obergünzburg
Biessenhofen
MARKT-OBERDORF
SCHONGAU
Altenstadt
Peiting
Steingaden
Bernbeuren
Lechbruck am See
Unterthingau
Nesselwang
Pfronten
FÜSSEN
Schwangau
Halblech
Seeg
Roßhaupten
Hopferau
Lengenwang
Oy-Mittelberg
Jungholz
Oberjoch-Pass
Schattwald
Tannheimer Tal
Tannheim
Zöblen
Grän
Nesselwängle
Gaichtpass
Weißenbach
Reutte
Breitenwang
Pinswang
Pflach
Musau
Vils
Ehenbichl
Höfen
Lechaschau
Heiterwang
Bichlbach
Berwang
Ehrwald
Lermoos
Tannheimer Berge
Ammergebirge
Ammergauer Alpe
Hoher Trauchberg
Forggensee
Bannwaldsee
Hopfensee
Weißensee
Alpsee
Plansee
Säuling
Aggenstein
Hochplatte
Gaichtpass
Birkental
Vilstal
Schwarzwassertal
Kempter Wald
Naturschutzgebiet
Deutsche Alpenstraße
Romantische Straße
Sisi-Straße
Wieskirche Die Wies
Neuschwanstein
Hohenschwangau
1
2
3
4
5
6
Maßstab 1:200.000
0
2
4km

Königliches Allgäu

Märchenhafte Schlösser vor der Kulisse der Füssener Berg- und Seenlandschaft, Kunstschätze und Relikte von der Römerzeit bis zur Gegenwart, dazwischen üppige Natur und Urlaubsregionen mit pfiffigen Freizeit- und Sportangeboten, die kaum Wünsche offen lassen – der Osten des Allgäus hält einiges parat.

1 Steingaden

Die aus mehreren Ortsteilen bestehende Gemeinde (2900 Einw.) mit dem einstigen Prämonstratenserstift, dem Welfenmünster und der Wieskirche liegt mitten im Grünen, an der alten Jakobsweg-Route im Pfaffenwinkel.

SEHENSWERT

Vom Kloster blieben die wiederholt umgebaute **Stiftskirche St. Johann Baptist**, der romanische **Kreuzgang** und die **Johanneskapelle**. Im Langhaus der Kirche dominiert die verspielte Pracht des Rokoko, um 1740 realisiert von Johann Xaver Schmuzer. Aufgrund des „Tränenwunders" 1738 an der Statue des „Gegeißelten Heilands" im Weiler Wies und weiterer Wunder beauftragte der Steingadener Abt den Baumeister Dominikus Zimmermann mit dem Bau der Wallfahrtskirche (1745–1754) für die zahlreichen Pilger. Sie gilt als Meisterwerk Zimmermanns und seines Bruders Johann Baptist, von dessen Hand die meisten Fresken und feinen Stuckaturen im Inneren sind. Die **Wieskirche** TOPZIEL (UNESCO-Welterbe) ist die schönste Rokokokirche Süddeutschlands (www.wieskirche.de; tgl. 8.00–19.00, im Winter tgl. 8.00–17.00 Uhr).

INFORMATION

Tourist-Information, Krankenhausstraße 1, 86989 Steingaden, Tel. 08862 91 01 13, www.steingaden.de

2 Schwangau

Die zwischen Seen, Königsschlössern und Bergen gelegene, aus sieben Dörfern bestehende 3000-Einw.-Gemeinde ist ein beschaulicher heilklimatischer Kurort. Funde belegen eine Besiedlung seit der Steinzeit, an der Tegelbergbahn sind die Reste eines römischen Badhauses und Gutshofes zu sehen.

SEHENSWERT

Die **Wallfahrtskirche St. Coloman** mit ihrer barocken Innenausstattung ist dem irischen Jerusalempilger Coloman gewidmet, der hier gerastet haben soll, bevor er 1012 in Wien gemartert und getötet wurde. 1673 begann der Kirchenbau unter Leitung von Johann Jakob Schmuzer. Die Inneneinrichtung stammt von Wessobrunner und einheimischen Künstlern (meist geschlossen, Führung auf Anfrage). Mitte Okt. findet hier der **St.-Colomans-Ritt** statt – mit über 200 Pferden und deren Segnung.

Steht wahrhaftig mitten auf der grünen Wiese: die Wieskirche (links); nur echt mit Schwan: Neuschwanstein (oben)

Hohenschwangau war im 12. Jh. ein Zentrum des Minnesangs dank Hiltbold von Schwangau, der in den Heidelberger Liederhandschriften erwähnt wird. Ab 1833 ließ der spätere König Maximilian II., der Vater Ludwigs II., die verfallene **Burg** im gotischen Stil erneuern. Ludwig verbrachte hier seine Jugend (Ticket-Center, Alpseestraße 12, 87645 Hohenschwangau, Tel. 08362 93 08 30, www.ticket-center-hohenschwangau.de; April–Mitte Okt. tgl. 8.00–17.00, Mitte Okt.–Ende März 9.00–15.30 Uhr).
Neuschwanstein TOPZIEL, diese Burg muss man gesehen haben: In dem weltberühmten Märchenschloss verwirklichte König Ludwig II. (1845–1886) seine Vorstellungen von einer deutschen Ritterburg. Der 1869 begonnene Hauptbau war bis zum Tod Ludwigs noch nicht ganz fertig, obwohl Ludwig bereits einen Trakt bewohnte. Vieles wurde nie realisiert. Die Besichtigung ist nur im Rahmen einer Führung möglich, der Andrang im Sommer oft ungeheuerlich (Eintrittskarten und Zeiten wie Hohenschwangau, Buchungen über Ticket-Center). Unterhalb von Hohenschwangau ließ Max II. nach englischem Vorbild einen Park (60 ha) anlegen. Nach dem Tod von Max II. verlor der **Schwanseepark** an Bedeutung, heute ist er durch seine Artenvielfalt erneut eine Attraktion.

AKTIVITÄTEN

Wassersport ist auf nahen Seen, **Bergwandern** und andere Bergsportarten auf den umliegenden Höhen möglich. Wellness mit Blick auf die Königsschlösser ermöglicht die **Königliche Kristall-Therme** (Königliche Kristall-Therme am Kurpark, Am Ehberg 16, Tel. 08362 81 96 30, www. kristalltherme-schwangau.de; tgl. 9.00–22.00/23.00 Uhr).

UMGEBUNG

Per Seilbahn oder auf mehreren Wanderrouten ist der **Tegelberg** (1881 m) mit seinem königlichen

In dem weltberühmten Märchenschloss verwirklichte König Ludwig II. seine Vorstellungen von einer deutschen Ritterburg.

St. Nikolaus in Pfronten (oben links), Vilsalpsee (oben rechts), Altstadt in Füssen (unten)

lichen Ausblick erreichbar. Nahe der Bergstation steht das bewirtschaftete ehem. Jagdhaus der königlichen Familie. Daneben liegt ein Startplatz für Drachen- und Gleitschirmflieger. Es gibt einen gesicherten Klettersteig sowie eine Sommerrodelbahn und im Winter bietet der Tegelberg ein Skigebiet mit Rodelbahn (Tegelbergbahn, Tegelbergstraße 33, Tel. 08362 9 83 60, www.tegelbergbahn.de).

INFORMATION
Tourist-Information, Münchener Straße 2, 87645 Schwangau, Tel. 08362 8 19 80, www.schwangau.de

3 Füssen

Direkt am Lech liegt diese reizende Stadt, die wirtschaftlich aus der Nähe der Schlösser Nutzen zieht. Füssen (13 900 Einw.) gehört zu den ältesten Siedlungen am Alpennordrand und geht auf eine römische Militärstation an der Handelsroute Via Claudia Augusta zurück.

SEHENSWERT
Die kleine, schöne **Altstadt** breitet sich zwischen der **Krippkirche St. Nikolaus** (1718) mit einem Hochaltar von Dominikus Zimmermann und der **Heilig-Geist-Spitalkirche** (1750) am Lech aus. Das spätgotische Kornhaus (Schrannenplatz) wurde zu einem Markt. Die bis 1717 barock erneuerte **Stiftskirche St. Mang** zeigt in der Ostkrypta (10. Jh.) das älteste Fresko Bayerns.

MUSEEN
Das barocke Benediktinerkloster St. Mang beherbergt das **Stadtmuseum** mit dem Füssener Totentanz (1602) und dem **Lauten- und Geigenmuseum** (Tel. 08362 90 31 46; April–Okt. Di.–So. 11.00–17.00, sonst Fr.–So. 13.00 bis 16.00 Uhr). In dem an der Stelle des Römerkastells entstandenen spätgotischen **Hohen Schloss** (13.–15. Jh.) ist heute eine Zweigstelle der **Bayerischen Staatsgemäldesammlung** mit Kunst aus Spätgotik und Renaissance untergebracht sowie die Städtische Galerie mit Werken des 19. Jhs. (Zeiten wie Stadtmuseum).

VERANSTALTUNGEN
Musikalische Höhepunkte sind die sommerlichen **Fürstensaalkonzerte** mit Klassik, Jazz und Moderne im barocken Festsaal von St. Mang und das **Saiteninstrumentenfestival „vielsaitig"** im Aug. Das **Kaiserfest** im Juli/ Aug. mit historischer Kostümierung, Umzügen und Ritterfestspielen erinnert an den Besuch Kaiser Maximilians I. während seiner zweiten Hochzeitsreise 1494. Das **Festspielhaus** am Ostufer des Forggensees wurde durch die „Ludwig II."-Musicals bekannt; seit 2007 finden hier Konzerte statt, Operetten, Theater (Musiktheater Füssen, Im See 1, 87629 Füssen, Tel. 08362 5 07 70, www.das-festspielhaus.de).

UMGEBUNG
Mit 12 km Länge ist der **Forggensee** der größte Stausee Bayerns und ein Paradies für Wassersportler. Familienfreundlich ist eine **Radtour** um den See (36 km). Die **Forggensee-Schifffahrt** bietet von Juni bis Okt. abendliche Themenfahrten und Blick auf die Königsschlösser (Städtische Forggenseeschifffahrt, Tel. 08362 92 13 63, www. tourismus-fuessen.de).

INFORMATION
Füssen Tourismus und Marketing, Kaiser-Maximilian-Platz 1, 87629 Füssen, Tel. 08362 9 38 50,www.fuessen.de

4 Pfronten

In einem weiten Tal unter dem Falkenstein und dem Breitenberg liegt die für ihr umfangreiches Ferienangebot bekannte Kurgemeinde mit 13 Ortsteilen. Pfrontens (7400 Einw.) Name entstand aus dem Begriff Rodung. Die Pfrontener waren immer freie Bauern, die Landwirtschaft war aber wegen der rauen klimatischen Bedingungen meist nur Nebenerwerb. Wichtiger waren daher Handwerk, Gewerbe und vor allem das Fuhrwesen mit der Konzession zum ganzjährigen Transport Richtung Venedig.

SEHENSWERT
Der 1749 erbaute Turm der Pfarrkirche **St. Nikolaus** in Berg (1692) trägt keine Zwiebel, sondern eine umgedrehte Enzianblüte. Unterhalb steht der Ständerbohlenbau des **Heimathauses**, früher „Elendenherberge" genannt, eine Stiftung der Pfarrgemeinde von 1473 zur Unterkunft und Versorgung von durchreisenden „Pilgern und arm Christenmenschen".
Die Ruine **Falkenstein** (11. Jh.) über Steinach ist Deutschlands höchstgelegene Burgruine (1280 m). Ludwig II. wollte sie zu einer imposanten Burg ausbauen; in einer Ausstellung kann man die Baupläne einsehen. Oben steht auch ein nobles Berghotel.

AKTIVITÄTEN
Bergaktivitäten stehen im Vordergrund, es gibt aber auch eine Tennis- und Eissporthalle, ein Schwimmbad mit Sauna- und Fitnessinsel sowie einen **Alpengarten**. Die Bergschule Altissimo betreibt den **Waldseilgarten Höllschlucht** (Pfronten-Kappel, Tel. 08363 9 25 98 96, www.waldseilgarten-hoellschlucht.de; Pfingst- und Sommerferien tgl. 10.00–18.00 Uhr). Weitere **Bergangebote** bieten die Bergschule Altissimo (Westerhofen 2, 87527 Ofterschwang, Tel. 08321 8 71 38, www.altissimo.de) und das Bergerlebnis Toni Freudig (Mühlenbichlweg 5, 87459 Pfronten, Tel. 08363 53 64, www.freudig.de).

VERANSTALTUNGEN
Beliebt sind Ende Febr. das **Hörnerschlittenrennen**, der **Viehscheid** am 2. Sept.-Sa. und die **Alphorn-Bergmesse** am letzten Sept.-So. auf dem Breitenberg.

INFORMATION
Pfronten Tourismus, Vilstalstraße 2, 87459 Pfronten, Tel. 08363 6 98 88, www.pfronten.de

5 Nesselwang

Der Ferienplatz unter der per Seilbahn erschlossenen Alpspitze ist Geburtsort zweier Olympiasieger – Franz Keller, Gold in der Nordischen Kombination 1968, und Michael Greis, dreimal Biathlongold 2006. Schon die Römer-

Tipp

Deftig speisen

In der **Schankwirtschaft Wohlfart** kommen regionale Gerichte und selbst gebrautes Hofbier in schönem historischen Ambiente auf den Tisch.

INFORMATION
Schankwirtschaft Wohlfart, Kienbergstraße 61, 87459 Pfronten, Tel. 08363 92 87 95, www.eiskeller-pfronten.de; Mo.–Fr. ab 16.00, Sa. ab 14.00, So. und Fei. ab 12.00 Uhr

straße zog auf dem Weg nach Westen durch die Region, auch heute liegt Nesselwang noch an einer bedeutenden Verkehrsachse.

SEHENSWERT
Die Pfarrkirche **St. Andreas** entstand ihrem barocken Aussehen zum Trotz erst 1906. Ein Kreuzweg führt vom Zentrum Richtung Süden zur **Wallfahrtskirche Maria Trost**, die nach einem Bildwunder 1658 errichtet wurde. Nördl. steht die gotische Kirche **Maria Rain** (1497), die mit ihrer üppigen Rokoko-Ausstattung (um 1760) einheimischer Künstler überrascht.

AKTIVITÄTEN
Nesselwangs Umgebung ist ein schönes **Wander-** und **Radelrevier**, die **Alpspitzbahn** (Alpspitzbahn, Info-Tel. 08361 1270, www.alpspitzbahn.de) erleichtert den Gipfelsturm auf die Alpspitze (1575 m) und den Edelsberg (1629 m). Im Winter gibt es ein Familien-Skigebiet an der Alpspitze mit Nachtskilauf, Langlauf-Loipen, Naturrodelbahn und Schlittschuhbahn. Das **ABC Alpspitz-Bade-Center** hat eine schöne Innen- und Außenanlage (Badeseeweg 11, Tel. 08361 92 16 20, www.abc-nesselwang.de; tgl. 9.00/10.00–22.00 Uhr).

INFORMATION
Tourist-Information, Lindenstraße 16, 87484 Nesselwang, Tel. 08361 92 30 40, www.nesselwang.de

6 Tannheimer Tal

Das wie die Enklave Jungholz zum österreichischen Tirol gehörende Tal ist sommers wie winters eine beliebte Urlaubsregion.

SEHENSWERT
Die barocke Pfarrkirche **St. Nikolaus** (1722/1724) in Tannheim war einst das religiöse Zentrum im Tal. Wertvoll ist das Geläut (16. Jh.), das einzige in Tirol, das von der berühmten Tiroler Gießerfamilie Löffler vollständig erhalten blieb.

MUSEUM
Das **Heimatmuseum** in Tannheim-Kienzen zeigt historische Wohnräume, Geräte, Fahrzeuge, Musikinstrumente und Fotos (Tel. 0043 5672 6 23 36; Sommer Mi. und Fr. 13.30 bis 17.00, Winter Mi. und Fr. 13.30–16.00 Uhr).

AKTIVITÄTEN
Die touristische Infrastruktur ermöglicht von der Sommerrodelbahn über Frei- und Hallenbäder, einen Klettergarten und einen Alpenblumengarten bis hin zu Möglichkeiten für Drachen- und Gleitschirmflieger vielerlei **Freizeitaktivitäten** und **Bergsportarten**. Es gibt Skigebiete für Bergwanderer, das Loipennetz ist eines der besten Österreichs, auch Schneeschuhwanderungen werden angeboten.

INFORMATION
Tourismusverband Tannheimer Tal, Oberhöfen 110 A-6675 Tannheim, Tel. 0043 5675 6 22 00, www.tannheimertal.com

Genießen   Erleben   Erfahren

DuMont Aktiv

Per „Wüstenschiff“ über Allgäuer Wiesen

Ein Hauch von Orient im östlichen Allgäu: Auf der Kamelfarm bei Seeg kann man auf einem der über 30 Kamele reiten, sie bürsten und streicheln oder ihnen einfach nur zuschauen.

Sie heißen Shakira, Moses, Kleopatra, Lourashi oder Batu, gelassen stapfen sie durch die Wiesen oder beobachten neugierig die Besucher, die ihretwegen angereist sind. Über 30 Kamele leben auf der Kamelfarm von Christine Sieber. Man kann hier an einer Führung durch die Farm und die Ställe teilnehmen und erfährt dabei Interessantes über diese sensiblen, intelligenten, aber auch eigenwilligen Tiere, die dank ihrer enormen Anpassungsfähigkeit in klimatisch extremen Regionen der Welt leben. Träume aus Tausendundeiner Nacht werden wahr, wenn Kinder und Erwachsene auf dem Sandplatz eine Runde reiten dürfen oder sich auf den einstündigen Ausritten auf einem der prächtigen Tiere durch die sanft gewellte Voralpenlandschaft schaukeln lassen. Gruppen können sogar eine Tagestour buchen, wobei sie zunächst mit orientalischem Tee und Datteln begrüßt werden. Dann lernen die Teilnehmer, wie man die ungewöhnlichen Tiere behandelt, und schließlich geht es gemeinsam los zu einer dreistündigen Tour durch das nahe Naturschutzgebiet.

Weitere Informationen

Kamelritte nach telefonischer Anmeldung:
Kamelfarm Allgäu, Hack 11,
87637 Seeg, Tel. 0172 7 04 25 89,
www.kamelfarm-allgaeu.de

Nanu, das sind aber seltsame Paarhufer! In gemächlichem Trott geht es über saftig-grüne Wiesen.

EH

Wunschlos glücklich

Kempten ist das wirtschaftliche und kulturelle Zentrum des Allgäus. Die Region rund um Kempten, Immenstadt, Sonthofen und Hindelang hat alles, was sich der Mensch für Erholung und Freizeit wünscht: große und kleine Seen, Moore, ein riesiges Wegenetz für Wanderer, Bergwanderer und Radler in allen Schwierigkeitsgraden und Berge von rund und grasbuckelig bis zu schönen Gipfeln.

Der traditionelle Viehscheid (Almabtrieb) in Bad Hindelang ist ein wichtiges Ereignis im Jahreslauf des Ortes und wird mit einem Fest gefeiert.

1905 wurde der Jugendstilbrunnen vor Kemptens St.-Mang-Kirche aufgestellt (rechts), rund um das schmucke Rathaus gruppieren sich Cafés und Restaurants (ganz rechts). Einen Besuch ist auch der Rokoko-„Thronsaal“ in der Residenz wert (unten).

Der französische Politiker und Schriftsteller Michel Eyquem de Montaigne durchquerte bei seiner Reise nach Italien im Jahr 1580 auch das Allgäu und berichtet darüber in seinem Reisetagebuch. Besonders wohlwollend schrieb er über Kempten, lobte seine Unterkunft im „Bären", wo Getränke in fein bearbeiteten Silbertassen, Speisen dagegen stets nur auf Holztellern serviert wurden – diese aber fein poliert und sehr schön. Insgesamt hat es Montaigne im Allgäu gut gefallen – er blieb länger als geplant.

Kemptens Charme

Dass Gäste oft länger bleiben als geplant, ist für die Kemptener nicht ungewöhnlich, verfallen doch viele Besucher auf Anhieb dem Charme dieses altehrwürdigen, zugleich aber lebendigen Städtchens mit seinem attraktiven Sport- und Freizeitangebot in direkter Umgebung. Jeder Besucher spürt sofort, was den Reiz dieser Stadt ausmacht, wenn er an einem lauen Samstagabend im Sommer auf dem Rathausplatz sitzt mit all den prächtig herausgeputzten Fassaden, dem hübschen Rathaus mit seinen drei Zwiebeltürmchen: Stimmengemurmel und Lachen, leise Musik, alle Tische und Stühle der Cafés, kleinen Restaurants und Kneipen im Freien besetzt, zarte Duftschleier von Parfüm, Cappuccino, Wein und Gebratenem, ein Flair von Leichtigkeit. Und man sieht und spürt es, wenn man abends gemütlich auf dem Mariaberg, dem höchsten Punkt der Stadt, im Biergarten beim Viertele oder Weizenbier sitzt und rechtzeitig ein Stück auf dem Sträßchen am Hang entlang geht, um beim Blick in die Berge den stimmungsvollen Sonnenuntergang zu genießen.

Andere schätzen die Stadt besonders wegen der herausgeputzten Relikte ihrer bedeutenden Vergangenheit, der sehr guten Einkaufsmöglichkeiten und dem vielseitigen Kultur- und Veranstaltungsangebot, für das man andernorts in Großstädte reisen muss – die allerdings

Von Oberjoch geht es hinauf auf den Iseler (ganz oben); unterwegs dorthin sieht man auch mal einen Enzian am Wegesrand (oben). Auf bewirtschafteten Alpen mit Vieh wie der Hintersteiner Willersalpe sollten Wanderer sich nicht mit dem Wasser des Viehtrogs erfrischen, sondern höchstens frisches Wasser in die Hände laufen lassen. Auch gehören weder Arme noch Füße in den Trog – die Kühe saufen sonst das Wasser aus dem Trog nicht mehr.

Adlerbeobachtungsstation im Hintersteiner Tal

Auf dem Weg zum Prinz-Luitpold-Haus ganz oben im Hintersteiner Tal

W. G. Sebald

Special

Literat aus dem Allgäu

Die Werke des renommierten Schriftstellers und Literaturwissenschaftlers wurden in viele europäische Sprachen übersetzt. 1944 in Wertach geboren, verließ W. G. Sebald nach dem Abitur in Oberstdorf die Heimat und lehrte nach dem Studium als Dozent für Literaturwissenschaft, vor allem an der Universität Norwich in Großbritannien. Dort kam er 2001 bei einem Autounfall ums Leben. Mit „Schwindel. Gefühle" war er 1990 international bekannt geworden. In der darin enthaltenen Erzählung „Il ritorno in patria" (Rückkehr ins Vaterland) beschrieb er den Weg von Oberjoch nach Wertach bei seiner Rückkehr. Dieser Weg wurde anlässlich von Sebalds Tod als Themenweg ausgezeichnet und mit Stelen versehen, auf denen Auszüge aus seinem Buch stehen.

kaum so einzigartige Aufführungen wie die der Allgäuer Freilichtspiele in dem nordwestlich von Kempten gelegenen Altusried bieten können. Schließlich spielt fast das ganze Dorf theaterbesessen mit oder ist auf die eine oder andere Weise engagiert – seit 130 Jahren.

Seenland Allgäu

So genießt man in Kempten also die Vorzüge einer schönen Stadt und gleichzeitig den hohen Freizeitwert der direkten Umgebung. Die Kemptener springen am Abend nach der Arbeit oft noch in den Buchenberger Weiher, den Öschlesee, den Niedersonthofener See vor den Toren der Stadt oder in den Rottachsee zwischen Oy-Mittelberg und Moosbach, der mit einer Wasserfläche von 300 Hektar größter See im Landkreis Oberallgäu ist.

Im Gegensatz zum Großen Alpsee bei Immenstadt ist der Rottachsee ein Stausee, zwischen 1983 und 1992 zur Regulierung von Iller und Donau errichtet. Einst unter anderem wegen der Vernichtung besten Bodens heftig umstritten, haben sich die Gemüter angesichts des entstandenen herrlichen Freizeitreviers beruhigt. Am schönsten ist es am Rottachsee in den frühen Abendstunden, wenn die Sonne schon tief steht und die sanft gewellte Wasseroberfläche platinfarben schillert inmitten der ringsum ansteigenden Wiesen vor der Kulisse des Petersthaler Zwiebelturms und des Grüntenmassives. Wenn dann die rötlich aufglimmenden Schilfzonen bei leichter Brise säuseln und ganze Entenfamilien in feierlicher Formation ausrücken, bleibt man unwillkürlich stehen, um die Magie dieser Augenblicke in aller Ruhe zu genießen. Am Abend kann keiner der anderen Seen mit einem so farbintensiven Spektakel aufwarten, auch nicht der Schwarzenberger Weiher bei Oy-Mittelberg, dessen dunkles Moorwasser auf ganz andere Weise zu faszinieren vermag.

Ambitioniertes Modell für Bergzukunft

Das vielteilige Hindelang gehört mit seinen rund 5000 Einwohnern, aber etwa einer Million Gästeübernachtungen jedes Jahr und oft weit über 100 000 Tagesgästen und Passstraßenfahrer am Oberjoch zu den bedeutenden Fremdenverkehrsgemeinden im Allgäu. Nicht ohne Grund, liegt es doch in einer der bezauberndsten, vielfältigsten und beeindruckendsten Berg-, Kur- und Urlaubsregionen der Allgäuer Alpen: Abseits der Hauptverkehrsachsen ziehen sich Talwege durch artenreiche, liebliche Auen und an Bachläufen entlang, unterhalb von 20 Zweitausendern, teils

Oberhalb von Hinterstein bei Bad Hindelang wird auf der Willersalpe Almwirtschaft betrieben (ganz oben). Einen historischen Blick ins Bergbauernleben gewährt das Museum von Diepolz bei Immenstadt (oben links). Heumahd im Hintersteiner Tal (oben rechts).

Festlich geschmückt werden die Rinder für den Viehscheid bei Bad Hindelang.

Nach der langen sommerlichen Freiheit hoch oben auf der Alpe ist beim Viehscheid schon auch ein wenig Nachdruck gefordert.

„Im Allgäu kommt zuerst der Mensch und dann die Politik."

Dieter Lattmann, Schriftsteller und Politiker

mit herausfordernden, steilen Felswänden und scharfen Graten, aber auch per Seilbahn erreichbaren Aussichtsgipfeln mit leichten Spazierwegen und Einkehrmöglichkeiten. Alpen, Wasserfälle, selten gewordene Streuobstwiesen und in grünen Matten eingebettete Seen sind verlockende Ziele.

Öko-Modell Hindelang

Vor rund 20 Jahren erkannten Honoratioren, Naturschützer und Landwirte die Zeichen der Zeit und entwickelten ein „revolutionäres" Projekt für diese zu 85 Prozent geschützte Natur- und Kulturlandschaft. Das „Öko-Modell Hindelang" wies einen neuen Weg, wie – sanfter – Tourismus, Naturschutz und landwirtschaftliche Nutzung sinnvoll ineinander greifen können, um die Schönheit der Region mit ihrer faszinierenden Mischung aus „wilder" Naturlandschaft und Kulturlandschaft mit ihrem Wechsel zwischen Wald und Bergwiesen zu erhalten. Das Konzept: Der Bergbauer, in Konkurrenz mit den europäischen Großbetrieben nicht überlebensfähig, erhält mit seiner Arbeit unter strikten Auflagen die Vielfalt der Natur- und Kulturlandschaft und damit deren touristische Attraktivität und wird entlohnt für diese Form der Landschaftspflege. Das Konzept reichte aber noch weiter: Kräuterreiche Wiesen sind nicht nur ein schöner Anblick, son-

Allgäuer Seenherrlichkeit: Entspannung am Großen Alpsee und …

… feucht-fröhliches Wasserskifahren mit Blick auf den
1737 Meter hohen Grünten bei Immenstadt

Der Große Alpsee ist ein beliebtes Segelrevier – hier in Bühl.

Der Marienplatz ist Immenstadts Zentrum und gute Stube.

dern sorgen für hochwertige Milch- und Fleischprodukte.

Die örtliche Gastronomie verarbeitet die heimischen Erzeugnisse, die zudem auf den Alpen und zentral im Hindelanger Bauernmarkt direkt vermarktet werden – unstrittige Produktqualität führt ohne große Transportwege zu merklich besseren Preisen.

Zuletzt doch gescheitert

Das Ökoprojekt und seine langsame, aber zunächst erfolgreiche Umsetzung bescherte dem Ort über Jahre hinweg Auszeichnungen und Anerkennung. Es gilt dennoch als gescheitert. Der Grund dafür ist nicht im Konzept und schon gar nicht in den erstklassigen Produkten der bäuerlichen Betriebe zu suchen, sondern eher in der mangelnden Kooperationsbereitschaft vieler Beteiligter. Dennoch scheint das Projekt nicht ohne Zukunft, arbeiten überzeugte Bauern doch weiter als Landschaftspfleger, damit die Kulturlandschaft erhalten bleibt, auch wenn die Gemeinde diese Arbeit nicht mehr subventioniert. Ein Neuanfang wäre ohne weiteres möglich. Schließlich hat das Ökokonzept andernorts schon längst Schule gemacht, beispielsweise in der Chiemgaugemeinde Achental, die seit einigen Jahren nach Hindelanger Vorbild arbeitet. Und dort funktioniert's.

Special

Botanik

Was blüht denn da?

Die Allgäuer Alpen nehmen beim „Wettbewerb" um botanische Vielfalt einen Spitzenplatz ein. Nur wenige Bergregionen in den Alpen bieten so viele unterschiedliche Landschaftsformen und Böden – von karg bis fett und von sauer bis basisch.

Auf den kargen Schrattenkalkböden am Gottesackerplateau und am Koblat des Nebelhorn wachsen wenige, dafür aber seltene Pflanzen wie Schweizer Mannschild, Zwergmannschild, Steinbrech, Kohlröschen … In den Allgäuer Hochtälern wurden auf den Bergwiesen bis zu 40 Orchideenarten gezählt. Auf den fruchtbaren Tonschichten der Steilgrasberge wie der Höfats, auch Edelweißberg genannt, wachsen ganze Büschel dieser seltenen Blütenpflanze und bis zu 400 Pflanzenarten, darunter Federgräser, die seltene Edelraute und die Straußglockenblume. Die nährstoffreichen Böden der Flyschberge lassen botanische Vielfalt sprießen, ebenso am Nagelfluhkamm: Bei einer Exkursion der Naturhistorischen Gesellschaft Nürnberg wurden zwischen dem Mittag über Immenstadt und dem Hochgrat allein über 250 Gefäßpflanzenarten gefunden. Und zu all dem kommt im Allgäu noch die spezielle Pflanzenwelt der Hoch- und Niedermoore.

Herzblättrige Kugelblume am Iseler

Informationen aller Art zum Naturpark Nagelfluhkette findet man im Informationszentrum AlpSeeHaus in Immenstadt-Bühl.

INTERVIEW

Im Grenzbereich der Naturgewalten

Gerhard Baur, Jahrgang 1947, ist ein weltweit bekannter Bergfilmer, der für seine rund 70 Dokumentarfilme und Spieldokumentationen über 50 internationale Filmpreise erhalten hat. 2002 bekam er den „Oscar" des Bergfilms für sein Gesamtwerk verliehen: den Großen Preis der Internationalen Allianz für Bergfilm (IAMF), einem Zusammenschluss der 14 bedeutendsten Bergfilmfestivals der Welt.

Gerhard Baur „am Set": den Fels vor Augen und die (Berg-)Welt im Blick. Doch ohne Schweiß kein Preis – die Filmausrüstung muss erst mal hochgetragen werden.

Du stammst aus Friedrichshafen und hast lange in München gelebt. Wie kommt es, dass du vor etwa 25 Jahren ins Allgäu gezogen bist? Ich kannte das Allgäu schon von Kindheit an durchs Bergsteigen mit meinem Vater und hatte dort einen großen Freundeskreis. Mir hat es im Allgäu schon immer gut gefallen.

Was ist das Besondere an der Allgäuer Berglandschaft? Die Vielfalt: Da ist das grüne, hügelige Voralpenland, dann die steilen Hochalpen mit den Steilgrasbergen, riesigen Schuttkaren und senkrechten Felswänden. Ferner die enorme botanische und geologische Vielfalt. Es gibt Dolomitgestein, Aptychen-Kalk, Wetterstein-Kalk, Mergel, Schiefer, Flysch ... Dann all die Hochmoore, Bergseen und größeren Seen. Das ist eine reizvolle Mischung.

Du hast für den Bayerischen Rundfunk (BR) drei Filme über das Hölloch im Kleinwalsertal gedreht, an dessen Erforschung du beteiligt warst. Inzwischen ist das Höhlensystem auf zehn Kilometer Länge und bis in 400 Meter Tiefe erforscht. Was reizt einen Bergfilmer an Höhlen? Eine Höhle erforschen zu können, ist ein großartiges Erlebnis. Bei jeder Erstbesteigung eines Berges hat man sein Ziel stets vor Augen. Beim Erforschen einer Höhle weiß man dagegen nie, was auf einen zukommt und welche Dimensionen die Höhle letztendlich hat.

Du hast auch einen preisgekrönten Film über die Höfats südlich Oberstdorf gedreht. Was gefällt dir an der Höfats? Ich habe neben meinen Filmen über die Achttausender und die großen Wände der Alpen viele Filmbeiträge für den BR übers Allgäu ge-

Empfehlung: Bärenköpfle
am Mittagberg

Gerhard Baur und seine Frau Margret sind auch beim Filmen ein Team. Durch mit Hintergrundinformationen unterlegten Bildern wollen sie bei den Menschen Neugier und Sensibilität für die Schönheit und Vielfalt, aber auch für die Fragilität der Bergwelt wecken.

dreht ... Die Höfats war schon immer ein spezieller Berg für mich. Sie war meine erste schwierige Bergtour, die ich mit meinem Vater gemacht habe. Ich war damals elf Jahre alt und schwer beeindruckt von der enormen Steilheit dieser Graswände und Grate ...

Auch über den bei Burgberg gelegenen Grünten hast du einen Film gedreht. Was reizt dich denn an diesem Berg? Der Grünten ist ein Beispiel dafür, wie der Mensch seit Jahrhunderten an und von einem Berg lebt. Da ist das Erzbergwerk, dessen Gruben heute ein begehbares Museum sind. Es gibt Straßen, eine Seilbahn, zwei Skigebiete, Lifte, bewirtschaftete Käs-Alpen, Hütten und die BR-Sendeantenne, aber auch versteckte Winkel mit Urnatur. Er ist ein anschauliches Beispiel für den Wandel der Natur- zur Kulturlandschaft.

Dein ältester Sohn Fridolin hat Film in Bozen studiert und beim Bergfilmfestival in Tegernsee gleich für einen seiner ersten Filme einen Preis für den besten Nachwuchsfilm bekommen. Tritt er in deine Fußstapfen? In gewisser Weise natürlich schon, Fridolin war wie jedes Familienmitglied schon früh bei meinen Filmen aktiv dabei. Er geht aber seinen eigenen Weg, und das ist gut so. Er hat einen Film über den Rottachsee gedreht, den größten Allgäuer Stausee, dessen Bau einst sehr umstritten war. Fridolins Film ist sehr atmosphärisch und interessant geworden – natürlich bin ich sehr stolz auf ihn.

Was willst du mal tun, wenn du eines Tages nicht mehr auf diese körperlich sehr anstrengende Weise in den Bergen unterwegs sein kannst? Ich möchte gerne Dokumentationen über Menschen in fernen Ländern drehen. Ich werde aber auch weiterhin Themen aus den Allgäuer Alpen und anderen Alpenregionen aufgreifen, die mich sehr interessieren. Themen aus dem Spannungsverhältnis der Beziehung zwischen Mensch und Natur. Das sind Themen, die mir sehr am Herzen liegen.

Empfehlungen von Gerhard Baur

Die schönste Bergtour für alle, die zum ersten Mal ins Allgäu kommen und genügend Ausdauer und Trittsicherheit mitbringen? Ganz klar: die Überschreitung der Nagelfluhkette. Auf dem Kamm hat man einen tollen Panoramablick.

Die schönsten, nicht allzu schwierigen Touren für Botanikfans? Steineberg, Stuiben und die Nagelfluhkette sind botanisch sehr vielfältig. Aber auch am Grünten gibt es Stellen mit urwüchsiger Naturlandschaft. Selbst am häufig besuchten Gipfel findet man botanische Raritäten wie den Alpen-Milchlattich.

Baurs Filme sind auf DVD oder VHS-Video erhältlich (Info: Margret Baur, Geigers 2, 87477 Sulzberg-Moosbach, Tel. 08376 13 34, margret_baur@web.de).

Auch im Winter ist die Nagelfluhkette (im Bild der Hohe Gündleskopf) ein lohnendes Ziel.

Altusried
Dietmannsried
Haldenwang
Lauben
Wildpoldsried
Markt Oberdorf
Unterthingau
Wiggensbach
Kempten (Allgäu)
Betzigau
Kempter Wald
Görisried
Lengenwang
Buchenberg
Durach
Waltenhofen
Sulzberg
Seeg
Oy-Mittelberg
Nesselwang
Hopferau
Eisenberg
Wertach
Pfronten
Jungholz
Rettenberg
Immenstadt im Allgäu
Burgberg im Allgäu
Blaichach
Sonthofen
Bad Hindelang
Oberjoch-Pass
Tannheimer Tal
Tannheim
Gaichtpass
Weißenbach
Fischen im Allgäu
Oberstdorf
Naturschutzgebiet Allgäuer Hochalpen
Schwarzwassertal
Namloser Tal
Stanzach
Hinterhornbach
Elmen
Riezlern
Nagelfluhkette
Deutsche Alpenstraße
Grünten
Nebelhorn
Hochvogel
Maßstab 1:200.000
0
2
4km

Ferienland Mittleres Allgäu

Rund um die Allgäu-Metropole Kempten erstreckt sich ein attraktives Ferien- und Freizeitgebiet mit vielen Seen, moorwasserhaltigen Weihern, ausgedehnten Wäldern und nach Süden hin immer höher werdenden Bergen. Hier findet man teils überraschend alte Städtchen, die durch ihre Lage früh vom Handel mit südlichen Regionen profitierten.

1 Marktoberdorf

Die „Hauptstadt" des Kreises Ostallgäu (18 500 Einw.) ist als Sitz der Bayerischen Musikakademie und seit 1930 durch den Landmaschinenhersteller Fendt bekannt.

SEHENSWERT

Das **Barockschloss** (1723–1728) mit der Bayerischen Musikakademie ist Beginn der 2 km langen Kurfürstenallee mit teils 200 Jahre alten Linden. Die benachbarte Kirche **St. Martin** (1738) ist mit feinen Wessobrunner Stuckarbeiten ausgestattet, in der Kapelle das Grabmal (1812) des letzten Augsburger Fürstbischofs.

Tipp

Alles über die Alpen

Die Geschichte der Alpen als Lebensraum und die Geschichte des Bergtourismus sind die beiden zentralen Themen des **Alpinmuseums** im ehem. Marstall. U. a. dokumentieren Gemälde, Fotografien und literarische Quellen die mühevolle und meist auch gefahrvolle Besiedlung der Bergregionen und Besteigung der Gipfel. Zudem werden Bäume, Tiere, Mineralien und Fossilien des Alpenraums vorgestellt.

Alpinmuseum, Landwehrstraße 4, Kempten, Tel. 0831 2525369; Di.–So. 10.00–16.00 Uhr

Der Rathausplatz im Zentrum der Kemptener Altstadt

MUSEEN

Unter einem Dach befinden sich das **Stadtmuseum** (Eberle-Kögl-Straße 11, Tel. 08342 4 19 82; Mi. 14.00–16.00, So. 10.00–12.00 und 14.00–16.00 Uhr), das **Riesengebirgsmuseum** zur Kulturgeschichte des Riesengebirges (Mi. 14.00–16.00, 2. und 4. So. im Monat 14.00 bis 16.00 Uhr,) und das **Paul-Röder-Museum** mit Gemälden des expressiven Marktoberdorfer Künstlers (1896–1962; Zeiten wie Riesengebirgsmuseum). Im über 450 Jahre alten Hartmannhaus ist das **Heimatmuseum** zu bäuerlichem Leben untergebracht (Meichelbeckstraße 16; 2. So. im Monat 14.00–16.30 Uhr). Im **Künstlerhaus** gibt es eine Sammlung schwäbischer Künstler (Kemptnerstr.5, Marktobersdorf, Tel. 083421918337, www.kuenstlerhaus-marktobersdorf.de).

VERANSTALTUNGEN

An Pfingsten findet in der Musikakademie jährl. im Wechsel das **Festival Musica sacra international** bzw. der **Internationale Kammerchorwettbewerb** statt, im Dez. der Landeswettbewerb **Jugend jazzt** (Bayerische Musikakademie Marktoberdorf, Kurfürstenstraße 19, 87616 Marktoberdorf, www.modakademie.de).

INFORMATION

Tourismusbüro, Richard-Wengenmeier-Platz 1, 87616 Marktoberdorf, Tel. 08342400845, www.touristik-marktoberdorf.de

2 Kempten

Kempten, älteste urkundl. erwähnte Stadt Deutschlands (18 n. Chr.), ist mit knapp 62 000 Einw. die größte Stadt im Allgäu, ein beliebtes Kultur-, Einkaufs- und Ausbildungszentrum mit Fachhochschule, hervorragenden Freizeit- und Sportmöglichkeiten und hat an der Iller eine attraktive Altstadt zum Bummeln.

SEHENSWERT

Die **Altstadt** mit ihren Gässchen umgibt den Rathausplatz mit stattlichen Patrizierhäusern. Das **Rathaus** geht auf das 14. Jh. zurück und ist schönes Ergebnis zahlreicher Umbauten. Die nahe gotische **St.-Mang-Kirche** (ev.; 1426 bis 1428) inmitten der Altstadt wurde anstelle eines romanischen Vorgängerbaus errichtet. Wo urspr. ein römisches Kastell stand, ist heute die sogenannte **Burghalde** mit einem Turm aus dem 15. Jh. zu finden, im Mittelalter

Tipp

Urgemütliche Hütte

Die unter Denkmalschutz stehende Alpe Gschwender-Berg bei Immenstadt-Rieder ist mit ihren 300 Jahren eine der ältesten Sennalpen im Allgäu. Im Sommer ist die dann täglich bewirtschaftete Alpe ein beliebtes Ziel auf Wanderungen im Naturpark Nagelfluhkette.

INFORMATION
Gehzeit ab Immenstadt/Bühl-Rieder ca. 45 Min.; www.alpegschwenderberg.de; Sommer tgl., Winter Sa. und So.

Burg der Klostervögte. Die Burg wurde 1705 geschleift, ist seit 1950 Freilichtbühne. Die prachtvollen Räume der **Residenz der Fürstäbte** (1651–1674), heute Sitz von Justizbehörden, dienten Repräsentationszwecken; der „Thronsaal" besitzt eine in Süddeutschland einmalige Rokoko-Ausstattung (Residenz, Eingang Westseite; Führung in Prunkräumen April–Sept. Di.–So. 9.00–15.45, Okt. Di.–So. 10.00–16.00, Nov.–März Sa. 10.00–16.00 Uhr). Die barocke **Stiftskirche St. Lorenz** entstand zeitgleich mit der Residenz. In der ehem. **Orangerie** (1780) ist heute die Stadtbibliothek untergebracht (Orangerieweg 20, Tel. 0831 2 52 57 23; Di.–Fr. 10.00–18.00 Uhr).

MUSEEN
Das interaktive **Allgäu-Museum** im **Kornhaus** informiert über Kunst, Kultur und Geschichte Kemptens und des Allgäus (Großer Kornhausplatz 1, Tel. 0831 5 40 21 20; Di.–So. 10.00–16.00 Uhr). Im **Zumsteinhaus** (1802) am Stadtpark kann man sich im **Römischen Museum** über die Wurzeln der Stadt informieren. Außerdem ist hier das **Naturkundemuseum** mit Sammlungen zu Geologie und Biologie des Allgäus beheimatet (Residenzplatz 31, Tel. 0831 1 23 67; April bis Okt. Do., So. 10.00–12.00 und 14.00–16.00 Uhr). Der **Archäologische Park Cambodunum (APC)** zeigt jenseits der Iller Grundmauern der Römersiedlung (Cambodunumweg 3, Tel. 0831 7 97 31; Mai–Okt. Di.–So. 10.00–17.00, sonst Di.–So. 10.00–16.30 Uhr) und Ruinen der **Kleinen Thermen** des Statthalterpalastes (Thermenstraße, Tel. 0831 770650; Mai–Okt. Di.–So. 10.00–17.00, Anf. Nov.–Mitte Dez. und Mitte März–April Di.–So. 10.00–16.30 Uhr). Die **Alpenländische Galerie** im ehem. Marstall der Fürstabtei zeigt Gemälde von der Gotik bis zur Frührenaissance (Landwehrstraße 4, Kempten, Tel. 0831 2 52 53 69; Di.–So. 10.00–16.00 Uhr).

VERANSTALTUNGEN
Ende April/Anf. Mai versammelt der **Jazz-Frühling** renommierte Künstler. Von Juni bis Sept finden die Musik- und Theater-Veranstaltungen des **APC-Sommers im Park** statt, Mitte Aug. die **Allgäuer Festwoche**, eine Leistungs- und Informationsschau des regionalen Handwerks und Gewerbes.

Die Töpferei im Immenstädter Hörmannhaus (oben), Altusrieder Freilichtspiele (rechts)

UMGEBUNG
Seit 125 Jahren kommen im Juli/Aug. in **Altusried** (15 km nordw.) die **Freilichtspiele** TOPZIEL auf die Bühne (Kartenbüro, Hauptstraße 18, 87452 Altusried, Tel. 01805 59 22 00, www.freilichtbuehne-altusried.de).

INFORMATION
Tourist-Information, Rathausplatz 24, 87435 Kempten, Tel. 0831 1 94 33, www.kempten.de

3 Immenstadt

Von seinen 14500 Einw. liebevoll „Schtädtle" genannt, liegt Immenstadt mitten in einer Erholungs-, Sport- und Freizeitsportregion.

SEHENSWERT
Der **Altstadtkern** umgibt den Kloster- und Marienplatz mit Mariensäule (1773), **Rathaus** (1640, urspr. Kornspeicher) und **Montfort-Renaissanceschloss** (16. Jh. und 1746, heute Gästeinformation). In der benachbarten Pfarrkirche **St. Nikolaus** (1705–1707) ist u.a. eine Madonna (1470) aus der Werkstatt von Ivo Strigel zu sehen. Ein Schmuckstück ist das nahe, 250 Jahre alte **Hörmannhaus** (1757). Heute beherbergt es eine Töpferei (Klosterplatz; Mo.–Fr. 9.00–12.00 und 14.00–18.00, Sa. 9.00–12.00 Uhr).

AKTIVITÄTEN
Herrliche **Wander-**, **Radel-** und **Wintersportmöglichkeiten** gibt es am per Seilbahn erschlossenen Mittag (Mittagbahn, Tel. 08323 61 49, www.mittagbahn.de), ferner Steineberg, Stuiben und am Nagelfluhgrat, Immenstädter Horn und Gschwender Horn. Großer und Kleiner Alpsee mit Badeplätzen, Segel- und Surfschule etc. bieten **Wassersportmöglichkeiten**. Bei der Ratholzer Berghütte Bärenfalle (1100 m) ist einer der größten **Hochseilgärten** Europas (Ratholz 24, Tel. 08323 96 80 50, www.kletterwald-baerenfalle.de; April–Nov. tgl. 9.00 bis 16.30/17.00, im Sommer 9.00–18.00/19.00 Uhr) zu finden und der Alpsee Coaster, eine 3 km lange **Ganzjahresrodelbahn** (Ratholz 24, Tel. 08325 252, www.alpsee-bergwelt.de; April–Nov. 9.00–16.30/17.00, im Sommer 9.30 bis 19.00 Uhr).

VERANSTALTUNGEN
Im Klostergarten des einstigen Kapuzinerklosters finden die Freilichtveranstaltungen des **Immenstädter Sommers** statt mit Konzerten und Theater. Der **Allgäu-Triathlon** lockt im Juli rund 1000 Sportler an. Ebenfalls beliebt sind der **Iller-Marathon** (Juni), der **Lauf um den Alpsee** (Aug.) und der **Nikolauslauf** (Dez.).

UMGEBUNG
Im Ortsteil **Diepolz** (nördl.) liegt das **Bergbauernmuseum** mit Bauernhof, Alphütte mit Käseküche, Kräutergarten, Seminaren und Kinderprogrammen (Diepolz 44, Tel. 08320 70 96 70, www.bergbauernmuseum. de; Mitte April–Anf. Nov. tgl. 10.00–18.00, Ende Dez./Anf. Jan. 12.00–16.00 Uhr).

INFORMATION
Gästeinformation, Marienplatz 12, 87509 Immenstadt, Tel. 08323 91 41 76, www.immenstadt.de

4 Sonthofen

Der Luftkurort (21400 Einw.) ist regionales Einkaufszentrum und Garnisonstadt.

Tipp

Museum in der Mühle

In der Hofmühle (18. Jh.), erst Getreide- und Sägemühle, dann Energielieferant der Mechanischen Bindfadenfabrik, ist Immenstadts Stadtmuseum u. a. mit Lokalgeschichte, Werken heimischer Künstler und zwei Exemplaren der legendären „Imme" aus den Riedel-Motorradwerken (1949–1952) untergebracht.

INFORMATION
Museum Hofmühle, An der Aach 14, Immenstadt, Tel. 08323 3663; Mi.–So. 14.00–17.00 Uhr

MUSEUM
Das **Heimatmuseum** zeigt detailliert u.a. ländliche Wohnkultur und eine Schellensammlung (Sonnenstraße 1, Tel. 08321 33 00; Dez. bis Okt. Di.–Do., Sa. und So. 15.00–18.00 Uhr).

AKTIVITÄTEN
Die **Starzlachklamm** beim Ortsteil Winkel (östl.) ist eine Nummulitenklamm (linsenförmige Versteinerungen) mit Kolken, Wasserfällen etc. (Tel. 08321 615291, www.starzlachklamm.de; Mai–Okt. tgl. 9.00–16.00 Uhr). Schöne **Wanderung** durch die Klamm zur Alpe Topfen am Grünten. Im Anschluss bietet sich das **Burgberger Erzgrubenmuseum** mit Grubenführung an (14.–19. Jh.; Tel. 08321 78 78 97, www.erzgruben.de; Mai–Okt. 10.00–18.00 Uhr).

VERANSTALTUNG
Alle 3 Jahre (wieder 2019) findet das **Eggaspiel** statt, ein uralter pantomimischer Fasnachtsbrauch: ein Kampf der Menschen gegen die dämonischen Naturkräfte.

INFORMATION
Gästeamt, Rathausplatz 1, 87527 Sonthofen, Tel. 08321 61 52 91, www.sonthofen.de

5 Bad Hindelang

Die 6-Dörfer-Gemeinde (4900 Einw.), umgeben von 20 Zweitausendern, ist eines der wichtigsten Tourismuszentren des Allgäus und erstreckt sich über 140 km².

MUSEUM
Martin Webers **Kutschenmuseum** in Hinterstein zeigt Kutschen, Schlitten, ausgestopfte Tiere, Windspiele und Klangkörper (tgl. 8.00 bis 20.00 Uhr, Eintritt frei). Einen Blick in die Vergangenheit bietet das **Heimatmuseum** in einer 500 Jahre alten Mühle (Ostrachstraße 40, Tel. 08324 28 57; Mi.–Mo. 10.00–18.00 Uhr).

AKTIVITÄTEN
Vielseitiges **Bergwander-**, **Kletter-** und **Moutainbike-Gebiet** mit urigen Alpen und DAV-Hütten sowie **Wintersportgebiet** mit vielen Liften (30 km Piste, 60 km Loipen, 3 Rodelbahnen) in Unter- und Oberjoch sowie am Imberger Horn. Tourenangebote aller Art findet man u. a. bei der Bergschule Bad Hindelang (Tel. 08324 95 36 50, www.bergschulen.de).

EINKAUFEN
Die 500 Jahre alte **Hammerschmiede** im Ostrachtal bei Bad Oberdorf erinnert an die Waffenschmiede-Vergangenheit des Tals (www.hammerschmiede-scholl.de).

VERANSTALTUNGEN
Der **Viehscheid** im Sept. und der **Weihnachtsmarkt** sind sehr gut besucht.

INFORMATION
Gästeinformation, Unterer Buigenweg 2, 87541 Bad Hindelang, Tel. 08324 8920, www.badhindelang.de

Genießen Erleben Erfahren

DuMont Aktiv

Auf den Spuren von Kommissar Kluftinger

Wer kennt und liebt sie nicht, die witzigen Allgäuer Bestsellerkrimis von Volker Klüpfel und Michael Kobr um den liebenswert skurrilen, meist schlecht gelaunten Kommissar Kluftinger?

Die rührigen Füssener waren die ersten, die Klufti-Führungen angeboten haben. Sie haben auch einen der spannendsten Schauplätze zu bieten: den geheimnisvollen Alatsee. Bei der Führung wandert man durch das Faulenbachtal zum Alatsee, unterwegs gewürzt mit Erzählungen und Sagen basierend auf dem Krimi „Seegrund". Der Rückweg erfolgt bei den Abendführungen und bei entsprechender Witterung mit Fackeln. Kempten spielt natürlich eine wichtige Rolle in allen Krimis um den Chef-Ermittler der Kemptener Kripo. Im Rahmen der Klufti-Führung durch die Innenstadt werden die Kemptener Schauplätze besichtigt und Passagen aus den Krimis zitiert. Und bei entsprechender Buchung geht es zum Schluss in die Brauereigaststätte „Zum Stift", wo es Kluftis Lieblingsgericht Allgäuer Kässpatzen gibt. Und selbstverständlich existiert auch eine Führung in Kluftingers Wohnort Altusried. Zu den Schauplätzen führt hier ein echter Altusrieder, nämlich der Vater von Autor Volker Klüpfel. Seine Führung lässt Rückschlüsse darauf zu, von wem der Sohn seinen Witz und Humor geerbt haben könnte.

Weitere Informationen

Führungen für Gruppen
Auf zu den Schauplätzen der Kluftinger-Krimis: Mai bis Okt., Termine auf Anfrage. Dauer unterschiedlich, ca. zwei bis drei Stunden

Informationen
Tourist-Information Kempten, Tel. 0831 2 52 55 22, www.kempten.de; Kultur- und Verkehrsamt Altusried, Tel. 08373 7051, www.altusried.de; Füssen Tourismus, Tel. 08362 9 3850, www.fuessen.de

Die **Internetseite www.kommissar-kluftinger.de** bietet Interessierten und Fans umfassende Auskunft zum Kommissar und den Autoren.

Das idyllische Bild trügt, denn der Alatsee ist geheimnisumwittert – zumindest wenn man örtlichen Gerüchten und dem Kluftinger-Roman „Seegrund" glaubt.

Dem Himmel ganz nah

Höher geht's hier nimmer: Nebelhorn, Fellhorn, Trettachspitze, Mädelegabel, Heilbronner Weg, Höfats, Hoher Ifen, Gottesackerplateau – lauter klingende Namen, mit denen Bergbegeisterte den wohl bekanntesten Teil des Allgäus verbinden, den südlichsten Allgäuzipfel rund um Oberstdorf und das österreichische Kleinwalsertal, das wegen seiner Lage zur Oberstdorfer Region gerechnet wird.

Rund um das Nebelhorn wie hier am Seealpsee finden Wanderer anspruchsvolle alpine Wege vor.

Oberstdorf und die Gipfel des Allgäuer Hauptkamms

Zum gemeinschaftlich erhaltenen Bergdörfchen Gerstruben am Beginn des Dietersbachtals
gehören auch traditionelle Zeichen tiefen Gottvertrauens.

Alpines Bauernstillleben …

… im musealen Gerstruben bei Oberstdorf

Vielleicht fürchtete sich der Immenstädter Arzt Dr. Karrer, als er sich im Sommer 1832 durch die Breitachklamm zwischen Oberstdorf-Tiefenbach und dem Kleinwalsertal führen ließ. Tief beeindruckt war er allemal: „Die Schlucht ist 36 Klafter (65 Meter) tief und oben kaum 12 Schuh (3,5 Meter) breit. Grauenerregend ist der Blick in den Abgrund, aber fast schauerlicher, über ihn zu kommen. Es führt nämlich jehemals ein elender, nur drei Fuß (90 Zentimeter) breiter Steg, der aus zwei Längen Holz gefertigt war, über die grausige Tiefe." Heutzutage braucht sich niemand mehr zu fürchten, führt inzwischen doch ein breiter, mit Geländer abgesicherter Weg vorbei an den tosend herabstürzenden Wassermassen, die im Winter bizarre Eisskulpturen bilden.
Rund vier Kilometer Luftlinie nördlich liegt die Sturmannshöhle bei Obermaiselstein, einem der fünf Hörnerdörfern – so genannt wegen der auf „-horn" endenden Gipfelnamen des lang gestreckten, runden Gebirgskamms über den Dörfern. Die einzige Spalthöhle des Allgäus führt auf Stufen 300 Meter durch 120 Millionen Jahre alte Gesteinsformationen in die Tiefe, in der ein Wildbach rauscht. Erst 1904 gelang es dem Obermaiselsteiner Lehrer Eppler, die Höhle bis zum Wasserlauf und Höhlensee zu erkunden. Im Jahr darauf zog sie schon, mit Eisentreppen und elektrischer Beleuchtung ausgestattet, an „Naturwundern" Interessierte in ihren Bann.
In den 1930er-Jahren war die „Hörnertour" ein beliebter Klassiker im Allgäu – im Sommer als Bergwanderung, im Winter bis zum Bau der ersten Skilifte in den 1950er-Jahren als Skitour. Dank des „Aufsteigs" mit der Hörnerbahn von Bolsterlang und der Rückkehr mit der Sesselbahn nach Ofterschwang sind bei der Kammwanderung über die runden Buckel der Hörnergipfel nach einem ersten kurzen Steilanstieg keine größeren Höhenunterschiede und Schwierigkeiten zu bewältigen. Dabei genießt man fast ständig einen herrlichen Ausblick auf die Allgäuer Gipfel, den Grünten im Vordergrund, weit im Hintergrund das Zugspitzmassiv und die Spitzen Tirols. Für Familien, die ihre bewegungsfreudigen Sprösslinge nicht stets mit Argusaugen bewachen wollen, ist dieser Weg ideal. Jugendlichen ist er zu langweilig – der Panoramablick reicht ihnen meist nicht. Für Höhlen und Klammen interessieren sie sich zwar noch, besonders empfänglich dürften sie aber für die „Natur-Äktschn-Angebote" sein, die Oberstdorf und das Kleinwalsertal bieten: Schnupperkurs Klettern, Canyoning, Klettersteig, Hochseilgarten … Herausforderungen dieser Art lassen den jugendlichen Puls in die Höhe schnellen.

„A gueta Zau macht an gueta Nachbar."

Allgäuer Lebensweisheit

Oberstdorf ganz oben

Mit 1,4 Millionen Übernachtungsgästen im Sommer und 700 000 im Winter gehört die vergleichsweise kleine Gemeinde Oberstdorf zu den führenden Urlaubsorten Deutschlands und ist wichtigstes alpines Zentrum der Allgäuer Bergwelt mit umfassender touristischer Infrastruktur. Und längst hat sich Oberstdorf auch den berechtigten Ruf eines perfekten Veranstalters internationaler Sportveranstaltungen erarbeitet,

Die Hörnerbahn lässt Gleitschirmflieger segeln (ganz oben), die Iller bei Fischen Paddler paddeln (rechts). Auf den Piesenkopf bei Balderschwang zieht es die Wanderer (oben).

Special

Honig

Tropfen für Tropfen ein süßer Genuss

Beim Wandern im Allgäu stößt man in den grünen, für Imker mit dem Auto erreichbaren Lagen rund um die Ortschaften oft auf vielfarbige Bienenstöcke oder Bienenhäuser.
Laut Eckard Radke aus Dietmannsried bei Kempten, dem Zweiten Vorsitzenden des Landesverbands der bayerischen Imker, gibt es allein im Landkreis Oberallgäu 15 Vereine mit rund 500 Mitgliedern und etwa 5000 Bienenvölkern. Doch wie in anderen Regionen auch lebt im Allgäu kaum noch ein Imker ausschließlich von seinen Bienen. Die meisten betreiben die Imkerei als Hobby oder haben zumindest ein zweites wirtschaftliches Standbein.

Bienen bauen ihre Waben in Rähmchen.

Honig ist wie Wein

„Mit dem Honig ist es wie mit dem Wein – jeder Jahrgang, jede Sorte und jede Lage hat einen eigenen Charakter bezüglich Farbe und Aroma“, sagt Radke, der zusammen mit seiner Frau selbst zahlreiche Bienenvölker besitzt. Die Trümpfe des Allgäus aus touristischer Sicht wie die landschaftliche und botanische Vielfalt, die verschiedenen Höhenlagen, Böden und Expositionen als Pflanzenstandorte sowie die starke Sonneneinstrahlung und die reine Luft sorgen auch für hohe Qualität beim Honig. Und ermöglichen viele unterschiedliche Honigarten in einer Saison – abhängig von der Blütezeit. Je nach Klima hat der Imker auch mehrere Ernten im Jahr, im Allgäu meist zwei oder drei. In den höheren Lagen des südlichen Allgäus ist durch die kurze Vegetationszeit die Ausbeute allerdings geringer. So ist dort der Honig auch etwas teurer – dafür aber geschmacklich oft feiner. Honig ist also längst nicht gleich Honig.

Die Allgäuer Landschaften und das Klima erschmeckt man vor allem dann, wenn man den Honig beim Imker vor Ort und nicht im Supermarkt einkauft. Nur so kann man sicher sein, dass der Honig naturbelassen und unverschnitten ist und damit ein wertvolles Lebens- und auch Heilmittel. Hinzu kommt, dass man sich auf diese Weise auch als Naturschützer und Landschaftspfleger betätigt. Nicht nur, weil der Honig nicht wie sonst üblich durch halb Europa zum Supermarkt transportiert werden muss. Sondern weil es die Bienen der Imker vor Ort sind, die dafür sorgen, dass die Pflanzen in der Natur und in den Gärten bestäubt werden. Eckard Radke bringt es auf den Punkt: „Honig kann man importieren, die Bestäubungstätigkeit der Bienen aber nicht.“

darunter Weltmeisterschaften in Nordischen Disziplinen, die Vierschanzentournee ...

Angesichts dessen werden Freunde der Region dennoch erleichtert feststellen, dass Oberstdorf im Winter nicht wie viele andere Wintersportorte in den Alpen zu einem jener austauschbaren Halligalli-Skifun-Orte mutiert, in denen alles auf der Strecke bleibt, was den individuellen Charme eines Bergdorfes und den Reiz des Winters in alpiner Umgebung ausmacht. Stolz verweist man außerdem darauf, dass 17 000 Hektar, also beachtliche drei Viertel des Gemeindebereichs, als Landschafts- und Naturschutzgebiete ausgewiesen sind. Trotzdem hat man Sorgen: Um die Voraussetzungen für sportliche Großveranstaltungen zu schaffen, musste sich Oberstdorf hoch verschulden. Probleme macht auch die Luftqualität an manchen Sommertagen, oft bedingt durch die vielen mit eigenem Fahrzeug anreisenden Gäste – trotz guter Bahnverbindungen und trotz langjähriger Bemühungen, das Verkehrsproblem mit dem einst prestigeträchtigen, letztendlich aber gescheiterten Öko-Pilot-Projekt „Autofreies Oberstdorf“ mit großen Parkplätzen am Ortseingang und Shuttlebussen in den Griff zu bekommen. Fieberhaft wird nach neuen Wegen gesucht. Sollte das Prädikat Heilklimatischer Kurort aberkannt werden ... – für Oberstdorf steht viel auf dem Spiel.

Tourismus mit Tradition

Der Tourismus hat im „obersten Dorf“ des Illertals eine lange Tradition: Für das Jahr 1518 wurde ein Schwefel-Badhaus genannt. Um 1850 stellten die Sommerfrischler bereits eine so beachtliche Einkommensquelle dar, dass der im Jahr 1871 eigens gegründete Oberstdorfer Verschönerungsverein Spazierwege baute, Ruhebänke aufstellte und Aussichtspunkte einrichtete. Zugleich wurde zur Entwicklung des Tourismus die Erschließung der Oberstdorfer Bergwelt durch Hütten und Bergwege dringlich – ein Anliegen, dem sich ab 1869 der

Via Ferrata: der anspruchsvolle Hindelanger Klettersteig – im Hintergrund der Nebelhorngipfel mit der Bergstation der Nebelhornbahn.

Einödsbach mit Trettachspitze und Mädelegabel

In der Auseinandersetzung zwischen Touristiker und Landwirt ist daran zu denken: Beide stehen auf demselben Berg.

Hirschegg mit dem Widderstein im Hintergrund

Ungenutzte „Heinzen" an der Fassade: Im Sommer trocknet auf diesen Stecken das Heu.

Alpine Gemütlichkeit in Hirschegg

Bald 1000 Meter über dem Tal warten die Kanzelwand-Liegestühle auf Sonnenanbeter.

Hinter den Bergen liegt bereits Österreich: Wanderer im Stillachtal südlich von Oberstdorf.

Special

Das Kleinwalsertal

Wie alles anfing

Der Talname Kleinwalsertal geht wie der des benachbarten Vorarlberger Großen Walsertals auf die Walser zurück, jenen als fleißig und geschickt geltenden Wallisern, die im 13. und 14. Jahrhundert ihre Heimat, das westschweizerische Oberwallis, verlassen mussten, weil sie wegen des seinerzeit starken Bevölkerungswachstums dort kein Auskommen mehr finden konnten.

Die Walser verbreiteten sich im heutigen Nordwestitalien, in Graubünden, in Westtirol, Vorarlberg und eben in den Allgäuer Alpen. Es waren die bislang unberührten, wilden, meist steil eingeschnittenen Täler, in denen sich diese alemannische Volksgruppe ansiedelte, um sie in mühsamer Arbeit zu roden, zu bebauen und zu einer Kulturlandschaft zu machen. Dafür erhielten sie mit dem „Walserrecht" einen Sonderstatus, blieben gegen einen Laib Käse Pacht im Jahr – so sagt man – „freie Leute" und konnten der sich seinerzeit ausbreitenden Leibeigenschaft entgehen. Die Besiedlung des Kleinwalsertals erfolgte wohl über den Hochtannberg- und den nahezu 2000 Meter hohen Hochalppass. Zumindest sind laut Urkunde im Sommer 1270 fünf Walserfamilien mit ihren Karren und Vieh durchs Bärgunttal ins heutige Kleinwalsertal hinabgezogen und haben sich dort niedergelassen – heute gilt diese für die damaligen Kolonisatoren mühevolle Route als herrliche Wandertour.

Alphornwanderung mit Alphornständchen

neu gegründete Deutsche Alpenverein verschrieb. Auf Initiative des Immenstädter Bergsteigers Anton Waltenberger baute die Sektion Allgäu-Immenstadt im Jahr 1875 die erste Bergsteigerunterkunft des Alpenvereins in den Allgäuer Alpen: das Waltenberger Haus unterhalb der Mädelegabel. Weitere Schutzhütten folgten nahezu im Zweijahresrhythmus.

Berge mit Superweitwinkelpanorama

Aussichtsgipfel wie Hochvogel, Geißhorn und Hoher Ifen wurden besser erreichbar gemacht und immer mehr Wegabschnitte entlang dem Allgäuer Hauptkamms bequemer begehbar. Und als ab 1888 Züge der Lokalbahn von Sonthofen nach Oberstdorf dampften, gab es kein Halten mehr – waren es im Jahr 1875 noch 650 Sommerfrischler, zählte man im Jahr 1895 bereits 5000 Feriengäste.

Weitere wichtige Etappen waren der Bau der Nebelhorn- und der Fellhornbahn, bis 1930 beziehungsweise 1972, eröffnen sie doch all jenen den Zugang zu den hohen Bergen und zum Panoramablick, die den Aufstieg aus dem Tal nicht bewältigen können – oder wollen. Das Nebelhorn bietet bei guter Sicht einen Blick auf reichlich 400 Alpengipfel. Dem angesichts dieses grandiosen Superweitwinkelpanoramas meist hoffnungslos überforderten Betrachter helfen

Die Schlappoltalpe unterhalb des Fellhorn …

… ist ein beliebtes Wanderziel, manche Route erfordert vom Wanderer jedoch Trittsicherheit.

Bestimmungstafeln auf der Aussichtsterrasse der Gipfelstation weiter.

Im kleinen Tal der Walser

Über den langen Fellhornkamm zwischen dem österreichischen Kleinwalsertal und dem Oberstdorfer Stillachtal verläuft auf Karten noch eine gestrichelte Linie – die Grenze zwischen Deutschland und Österreich ist in Wirklichkeit aber gar keine mehr und war auch früher eher selten eine richtige Grenze. Dennoch, auf hoheitlichen Rechten wird oft lange beharrt, beispielsweise auf der spiegelverkehrten Benennung zweier Gipfel am Kamm zwischen dem Fiderepass und der Kanzelwand: Der auf deutschen Karten als Schüsser bezeichnete Gipfel hieß auf österreichischen Karten Hammerspitze und die deutsche Hammerspitze am Ende des Kamms Schüsser – erst 2013 wurden die Berge, um Verwechslungen auszuschließen, umgetauft: Oberstdorfer Hammerspitze und Walser Hammerspitze.

Ein Sonderfall mit Sonderkonditionen

Politisch und wirtschaftlich war dieses kleine, schöne Tal jahrhundertelang ein Sonderfall, da es zum österreichischen Vorarlberg gehört, aber nur über eine Straße, die von Oberstdorf aus, zugänglich ist. Vor deren Bau waren die Kleinwalsertaler im Winter oft wochenlang isoliert. Wegen dieser speziellen geografischen Lage ist das Tal seit 1891 ein Zollausschlussgebiet und somit ein deutsches Wirtschaftsgebiet mit deutschen Waren und Preisen auf österreichischem Boden – mit Ausnahme von Benzin. Durch den Beitritt Österreichs zur Europäischen Union 1995 verlor das Walsertal seinen Sonderstatus, zu dem gehörte, dass seine Bewohner ihre aus Österreich eingeführten Waren in Deutschland verzollen mussten, während deutsche Güter zollfrei waren. Es gab auch Sonderkonditionen bei der Post: Sowohl für Sendungen nach Österreich als auch nach Deutschland galten jeweils die Inlands-Porti des betreffenden Landes.

Ein leichtes Gruseln bleibt beim Blick auf die tosende Breitachklamm.

Wilder Schnittlauch auf dem Gottesackerplateau

Unterwegs von der Kanzelwand zum Fellhorn

Bei einer verdienten Rast am Gottesackerplateau schweift
der Blick weit über die alpine Berglandschaft.

Ein Wanderweg am Hohen Ifen führt zum Gottesackerplateau.

Special

Archäologie

Sommerziel seit 9000 Jahren

Die 1450 Meter hoch am Gottesackerplateau gelegene Schneiderkürenalpe gilt als archäologisch bedeutende Fundstätte.

Der in Hirschegg lebende Künstler Detlef Willand hatte 1998 als Erster Steinwerkzeug auf der Schneiderkürenalpe entdeckt. Bei Ausgrabungen wurden über 300 Pfeilspitzen, Klingen, Bohrer und Schaber aus der Jungsteinzeit gefunden, außerdem Reste einer Schutzunterkunft samt Feuerstätte aus der Mittleren Steinzeit. Damit konnte nachgewiesen werden, dass von 7000 v. Chr. bis in die Bronze- und Eisenzeit, etwa um Christi Geburt, regelmäßig Menschen über längere Zeit zu sommerlichen Jagden auf dieser Alpe gelebt hatten. Nach Abschluss der Grabungen wurde die Schutzunterkunft vor Ort von den Archäologen teilweise nachgebaut. Fast alle gefundenen Steinwerkzeuge waren aus sogenanntem Radiolarit – versteinerten sternförmigen Skeletten einzelliger Meerestierchen, der Radiolarien. Aus dem seinerzeit in ganz Europa wegen seiner Härte begehrten feuersteinähnlichen Material wurden Werkzeuge und Waffen hergestellt. Auf der anderen Talseite befinden sich am Bärenkopf und am Großen Widderstein steinzeitliche „Bergwerke", in denen dieses wertvolle Sedimentgestein einst vermutlich mit Hacken aus Hirschgeweih abgebaut wurde.

Exponat im Hirschegger Walserhaus

Hoher Ifen und Gottesackerplateau

Das schon von Weitem sichtbare Wahrzeichen des Kleinwalsertals ist der Hohe Ifen – er ähnelt dem abgekippten Biskuit-Deckel einer gigantischen Schichttorte. Egal, ob man mit der Seilbahn von der Auenhütte im Tal, über den Aufstieg ab Schwarzwasserhütte oder auf einem der beiden herrlichen Wanderrouten durchs Mahd- oder Kürental hinauf zum Hohen Ifen und dem Gottesackerplateau gelangt – immer überrascht die zunächst kahl und öd wirkende, etwa fünf Quadratkilometer große Karsthochfläche des Plateaus mit seinem in der Sonne grell glänzenden Schrattenkalk. Erst auf den zweiten Blick entdeckt man all die seltenen Pflanzen, die hier trotzig-prächtig gedeihen, wie Schweizer Mannschild, Zwergmannschild, wilder Schnittlauch, Steinbrech, Kohlröschen ... Noch mehr Aufmerksamkeit erfordern die 120 Millionen Jahre alten Relikte aus dem Urmeer Tethys, feine Einschlüsse und Abdrucke im Fels: versteinerte Korallen, Muscheln oder Algen. Die Unterwelt dieses zerfurchten Gottesackers besteht aus einem labyrinthischen System von Dolinen, tiefen Spalten und dem Hölloch, einer riesigen, stark verzweigten Höhlenwelt, die inzwischen auf zehn Kilometern Länge und bis in 452 Meter Tiefe vermessen wurde.

KÄSE

Köstliche Laibspeisen von Allgäuer Alpen

Der Sommer auf der Alpe, die gute Luft, die sonnenverwöhnten Bergwiesen mit ihren würzigen Kräutern und Gräsern und das reine Quellwasser bieten beste Voraussetzungen für eine gute Milch und hervorragende Milchprodukte. Kein Wunder also, dass das Allgäu mit seinem Käse im internationalen Vergleich meist Edelmetall absahnt.

Kenner wundert es nicht, dass der Allgäuer Käse auch im internationalen Vergleich vordere Plätze oder gar Siegermedaillen erlangt. Zweifellos ist das Allgäu heute ein bedeutendes Käseland. Aber das war es nicht immer: Vor der Umstellung auf Milchwirtschaft und Käseerzeugung spielte neben Viehhandel und Ackerbau der Flachsanbau und dessen Verarbeitung zu Leintuch ökonomisch die wichtigste Rolle. Durch die Erfindung des mechanischen Webstuhls und die Industrialisierung der Baumwollverarbeitung in England war es im 19. Jahrhundert mit der Leinenweberei allerdings vorbei, was viele Allgäuer Familien in schwere existenzielle Not stürzte. Als Antwort auf diese wirtschaftlich schwierigen Zeiten nutzte der Oberstaufener Fuhrunternehmer Josef Aurel Stadler seine Kontakte in die Schweiz, deren Käsequalität er schätzte, und holte 1823 zwei junge Schweizer in die Käserei von Weiler im Westallgäu. Dort stellten sie den ersten „Allgäuer Emmentaler" her. Ein weiterer Käse-Pionier – und des Tourismus im Allgäu – war Carl Hirnbein, Großbauer, Landtagsabgeordneter und Reformer. 1830 eröffnete Hirnbein in Wilhams eine Weichkäserei und begann mit den Brüdern Grosjean aus Limburg mit der Produktion eines Limburgers aus einheimischer Milch.

Käse von und für Experten

Wer sich heute einen Überblick über das Allgäuer Käseangebot verschaffen will, der kann viele der kleinen Alp-Sennereien an der Westallgäuer Käsestraße und in den Allgäuer Bergen aufsuchen und deren Käse direkt vor Ort probieren. Eine andere Möglichkeit ist es, sich in den größeren Sennereien, etwa in Steibis, Grünenbach, Wertach, Hindelang, Diepolz, Gunzesried oder andernorts, durchs Angebot zu kosten. Und dann wäre da als Tipp noch der kleine Käs-Buind-Laden in Kranzegg bei Rettenberg am Grünten. Das Wort „Buind" ist ein Allgäuer Begriff für die Wiese rund ums Bauernhaus. Ein Geheimtipp ist die Käs-Buind schon lange nicht mehr, die Kunden kommen inzwischen von weit her, um bei Gabriele Körbe ihren Käse einzukaufen. Auf wenigen Quadratmetern Fläche findet man hier 60 bis 70 Käsesorten im wechselnden Angebot – Bergkäse mit bis zu zwei Jahren Reife, eine echte Rarität. Ferner kommen Bio-Kräuterkäse, Rotweinkäse, Bärlauchkäse, Blaukäse und der Allgäuer Fladen, ein romadurähnlicher Weichkäse in Fladenform hinzu.

Während der Lagerzeit bedarf der reifende Käse regelmäßiger Pflege, je nach Sorte wird er gewaschen, gebürstet oder mit Edelschimmel behandelt.

Nach dem Dicklegen der Milch wird die Käsemasse abgeschöpft, übrig bleibt die Molke.

Die erste öffentliche Käseschule ...

... Deutschlands steht in Thalkirchdorf bei Oberstaufen. Dort zeigt Käsemeister Georg Gründl, wie man Käse macht. Für Hobbykäser gibt es ein Starterset: Käseform mit Pressdeckel, Labenzym und Milchsäurebakterien (Käseschule Allgäu, Kirchdorfer Straße 7, 87534 Oberstaufen, Tel. 08325 95 81, **www.kaeseschule.de**).

Maßstab 1:200.000
0
2
4km
KEMPTEN
ISNY
im Allgäu
Buchenberg
Waltenhofen
Durach
Sulzberg
Weitnau
Wertach
Oy-Mittelberg
Missen
Oberstaufen
IMMENSTADT
im Allgäu
Rettenberg
Burgberg
im Allgäu
Blaichach
SONTHOFEN
Bad Hindelang
Oberjoch-Pass
Jungholz
Naturpark
Nagelfluhkette
Balderschwang
Bolsterlang
Ofterschwang
Fischen
im Allgäu
Obermaiselstein
Sibratsgfäll
Oberstdorf
Naturschutzgebiet
Allgäuer
Hochalpen
Mittelberg
Riezlern
Hirschegg
Schröcken
Hochtannbergpass
Warth
Holzgau
Elbigenalp
Hinterhornbach
Bad Oberdorf
Hochvogel
Nebelhorn
Grünten
Hochgrat
Hoher Ifen
Stuiben
1
2
3

Das Herz des Allgäus

Der südlichste Bereich des Allgäus rund um die Hörnerdörfer, Oberstdorf und das österreichische Kleinwalsertal ist für viele Allgäu-Besucher der spektakulärste Teil und das eigentliche Herz der Allgäuer Alpen – wegen der hohen Berge und der äußerst vielfältigen Landschaft.

1 Hörnerdörfer

Die Gemeinden Fischen, Ofterschwang, Bolsterlang, Obermaiselstein und Balderschwang liegen alle an dem langen Bergkamm, dessen Gipfelnamen auf „-horn" enden und der daher die Hörnergruppe genannt wird. Die Hörnerdörfer bilden eine Tourismusgemeinschaft. **Fischen** wurde früh von Touristen besucht. Ochsenfuhrwerke brachten sie von dort zu den einzelnen Dörfern. Im Zweiten Weltkrieg wurden „ausgebombte" Frauen und Kinder aus den Städten und Flüchtlinge in die Hörnerdörfer geschickt. **Ofterschwang** ist als Austragungsort von FIS-Weltcup-Rennen bekannt, eigentlich aber ein eher beschaulicher Ort. Ebenso **Bolsterlang**: im Winter familienfreundliches Skigebiet, in der Wanderzeit beliebter Urlaubsort für Familien mit kleinen Kindern und aktive Senioren. **Balderschwang** und das Skigebiet Grasgehren oben am Riedbergpass gelten als „Schneelöcher".

Tipp

Wandern mit Aussicht

Die Hörnertour ist ein beliebter Klassiker. Diese leichte Panorama-Tour führt von der Bergstation (1550 m) der Hörnerbahn ab Bolsterlang kurz steil auf den Weiherkopf (1665 m) hinauf, dann ohne große Höhenunterschiede bei bestem Panoramablick über das Rangiswanger Horn (1615 m) und die bewirtschaftete Fahnengehrenalpe zum Ofterschwanger Horn. Hier kann man mit der Weltcup-Express-Sesselbahn nach Ofterschwang hinabfahren oder absteigen. Per Bus ab Dorfplatz zurück nach Bolsterlang.

INFORMATION
Hörnerbahn, Tel. 08326 90 91, www.hoernerbahn.de; Bergbahnen Ofterschwang-Gunzesried, Tel. 08321 67 03 33, www.go-ofterschwang.de.

Blumenwiese am Fellhorn (oben links), Gasthof Oberstdorfer Einkehr in Oberstdorf (oben rechts), Honig aus dem Allgäu (unten)

SEHENSWERT
Am östl. Ortseingang von Balderschwang steht am Alpesträßchen Richtung Socher-Alpe eine 2000- bis 4000-jährige **Eibe**. Die **Sturmannshöhle** bei Obermaiselstein ist auf gut beleuchtetem, stufenreichem Weg begehbar (Mai–Anf. Nov. tgl. halbstdl. Führungen 9.30–16.30, Weihnachten–Ostern stdl. Führungen Mi.–So. 11.00 bis 16.00 Uhr; witterungsbedingte Änderungen: Tel.: 08326 3 83 09). Nahe der Höhle beginnt beim „Hirschsprung" an der Straße nach Tiefenbach der **Sagenweg**, der fünf Allgäuer Sagen erzählt. Der **Alpenwildpark** zeigt viele Bergbewohner (Berghof Schwarzenberg, Königsweg 4, Tel. 08326 8163, www.alpenwildpark.de).

INFORMATION
Tourismusgemeinschaft Hörnerdörfer, Am Anger 15, 87538 Fischen im Allgäu, Tel. 08326 36460, www.hoernerdoerfer.de

2 Oberstdorf

In einem weiten Talkessel liegt Oberstdorf, die höchstgelegene (815 m) und südlichste Stadt Deutschlands. Mit 230 km² Fläche gehört sie zu den größten Gemeinden Bayerns (10 000 Einw.).

SEHENSWERT
In der nach dem Brand neugotisch wieder aufgebauten Pfarrkirche **St. Johannes der Täufer** (urspr. 10. Jh.) sind mehrere Marienstatuen aus dem 14. und 15. Jh. zu sehen. Südl. an der Straße in Stillachtal stehen die drei **Loreto-Kapellen**: die Appachkapelle von 1493 mit achteckigem Grundriss und spätgotischen Fresken (Mitte 16. Jh.), die Maria-Loreto-Kapelle (1658) mit der als Gnadenbild verehrten Madonna aus

In einem weiten Talkessel liegt Oberstdorf, die höchstgelegene und südlichste Stadt Deutschlands.

Ton (16. Jh.) und einem schönen Rokoko-Altar (1741) von Anton Sturm sowie die St.-Joseph-Kapelle (1641) mit einem Palmesel des Oberstdorfer Bildhauers Franz Xaver Schmädl. Die **Heini-Klopfer-Skiflugschanze** (1973) beim Freibergsee ist die zweitgrößte der Welt und kann besichtigt werden (Tel. 08322 28 55; Mai–Nov. 10.00–16.45/17.00 Uhr; Bungee-Springen Mai–Okt. Sa., So. und Fei. 10.00–16.00 Uhr nach Anmeldung, Tel. 08321/26218).
Zwischen Tiefenbach und der Walserschanze liegt die **Breitachklamm**, wegen ihrer Eiskaskaden auch im Winter sehr sehenswert (Tel. 08322 48 87 , www.breitachklamm. com; Sommer tgl. 8.00–17.00, Winter 9.00–16.00 Uhr, witterungsbedingte Sperrung möglich).

MUSEEN

Im **Heimatmuseum** sind einige Räume wie im 17. Jh. eingerichtet, in anderen wird fast vergessenes Handwerk vorgestellt. Es gibt Informationen zu ersten Bergführern, Oberstdorfer Künstlern, zur Geschichte des Skisports etc. (Oststraße 13, Tel. 08322 54 70, www.oberstdorf-heimatmuseum.de; Di.–Sa. 10.00–12.00 und 14.00–17.30 Uhr, bei schlechtem Wetter auch So. und Fei.). Die interaktive **Bergschauausstellung** im Alten Rathaus informiert über Geologie, Natur und Kultur der Alpen (Marktplatz, Tel. 08322 95 94 84; Mo.–Fr. 10.00–12.30 und 14.30–18.00, Sa., So. und Fei. 10.00–12.30 Uhr).

AKTIVITÄTEN

Bergsport aller Art im Sommer und im Winter. Das **Eissportzentrum** bietet drei Eislaufhallen und eine Indoor-Kletterhalle (Tel. 08322 70 05 10; tgl. Publikumslauf zu wechselnden Zeiten). Die **Oberstdorf Therme** bietet Thermalbad, Wellenbad, Außenbecken, Saunalandschaften, einen großen Wellnessbereich u. a. (Promenadestraße 3, Tel. 08322 60 69 60; tgl. 10.00–19.00/22.00 Uhr). Zu einem Bad im Freien laden das **Moorsee-Bad** bei den Loreto-Kapellen ein oder der **Freibergsee** mit Bootsverleih nahe der Heini-Klopfer-Schanze. Die 850 m lange **Sommerrodelbahn** an der Söllereckbahn macht jede Menge Spaß (Talstation Söllereck-Bahn; Mai–Nov. 9.00–17.00 Uhr).

Tipp

Blick ins Gestern

Sehr lohnend ist ein Ausflug zum einst von Walsern bewohnten Museumsdörfchen Gerstruben im Dietersbachstal, dessen wiederhergestellte Häuser bis zu 500 Jahre alt sind. Der Besuch lässt sich gut mit einer Wanderung durch den Hölltobel verbinden.

INFORMATION
Oberstdorf-Tourismus,
www.oberstdorf.de

VERANSTALTUNGEN

Herausragend ist der **Oberstdorfer Musiksommer** TOPZIEL im Juli/Aug. mit Meisterkonzerten der Klassik, Open-Air-Gipfelkonzerten und Serenaden sowie der Meisterakademie (Festivalbüro, Tel. 08322 9 59 20 05). Es gibt viele internationale Sport-Veranstaltungen wie den FIS-Weltcup im Skifliegen, Wettkämpfe der Elite in den Nordischen Disziplinen, im Eiskunstlauf oder Eishockey. Alle fünf Jahre (wieder 2020) wird im Sommer der **Wilde-Mändle-Tanz** mit keltischen Wurzeln aufgeführt; er besteht aus 17 Szenen und rhythmischen Sprüngen in einer Bekleidung aus Moosflechten. Die **Berglar-Kirbe** findet jährlich am Fellhorn zur Feier der Sommerhalbzeit (Mitte Juli) statt.

BERGBAHNEN

Nebelhornbahn, Fellhornbahn, Kanzelwandbahn, Ifen-Bahn und Walmendingerhorn-Bahn bilden einen Verbund (www. das-hoechste. com). Die **Nebelhornbahn** TOPZIEL führt in drei Teilstrecken bis auf 2224 m, ist die höchste Seilbahn im Allgäu und bietet einen 400-Gipfel-Panoramablick sowie von der Station Höfatsblick auch einen herrlichen Ausblick auf Höfats, Schneck und Großer Wilder. Bei der Gipfelstation beginnt der Hindelanger Klettersteig, der bis zum Großen Daumen führt. Bei jeder Station gibt es ein gutes Wegenetz.
Am **Fellhorn** (2038 m) ist Deutschlands modernste Einseil-Umlaufbahn in Betrieb (Fellhornbahn). Interessant sind die Bergschau-Informationsstationen in der Gipfel- und in der Talstation. Es gibt einen beschilderten Blumenweg am Fellhorn, beliebt ist der Spaziergang zur Schlappoltalpe, wo man Alpbergkäse mit Panoramablick genießen kann (Busverbindung zwischen Oberstdorf und dem Kleinwalsertal). Die **Söllereckbahn** erschließt im Winter ein Skigebiet und im Sommer ein schönes Familien-Wanderrevier (www.soellereckbahn.de).

INFORMATION

Tourismus Oberstdorf, Oberstdorf-Haus, Prinzregenten-Platz 1, 87561 Oberstdorf, Tel. 08322 7000, www.oberstdorf.de

3 Kleinwalsertal

Das über Oberstdorf liegende, 15 km lange und 6,5 km breite **Kleinwalsertal** TOPZIEL gehört zwar zum österreichischen Vorarlberg, ist aber nur über die Straße von Oberstdorf aus zu erreichen. Funde aus der Steinzeit belegen, dass schon früh Menschen hier waren, dauerhaft besiedelt wurde es aber ab 1270 durch die

Beim Kleinwalsertaler Viehscheid in Riezlern

Walser. Mit öffentlichen Verkehrsmitteln ist das Tal mit den Walserbussen leicht erreichbar. Busverbindungen (10-Min.-Takt) bis in die hintersten auf Straßen erreichbaren Winkel der Täler sorgen für problemloses Fortkommen. **Riezlern** ist der größte Ort im Tal. Hier befinden sich das Casino als kleinste Spielbank Österreichs, das Freischwimmbad und die Talstation der Kanzelwandbahn. Weiter taleinwärts liegt **Hirschegg** (1122 m) mit dem Walserhaus, einem Veranstaltungszentrum mit Tourismusbüro, Skimuseum und der Bergschau 1122. Auch die Ifen-Lifte sind auf Hirschegger Gemeindegebiet. In **Mittelberg** steht die Pfarrkirche St. Jodok und die Talstation der Walmendingerhorn-Bahn. Von Schwendle gelangt man über Wanderwege ins Wildental und von Bödmen ins Gemsteltal. **Baad** (1244 m), kleinster und höchstgelegener Ort, verdankt seinen Namen einer Schwefelquelle, die es nicht mehr gibt. Baad ist der Ausgangspunkt für Wanderungen ins Bärgunt-, Derra- und Starzeltal.

SEHENSWERT

Die Pfarrkirche **St. Jodok** in Mittelberg mit dem ältesten Kirchturm des Tals geht auf den ersten Betraum der Walser zurück (um 1300).

Tipp

Klettern für Könner

Der 550 m lange Zwei-Länder-Sportklettersteig an der Kanzelwand ist teils schwierig und anstrengend; die Durchgangszeit beträgt 60–120 Min. Für Einsteiger bietet sich eher der mäßig schwierige 200 m lange Kanzelwand-Erlebnis-Klettersteig an (15–30 Min.)

INFORMATION
Bergschule Kleinwalserstal,
Tel. 0043 5517 3 02 45, www.
bergschule-kleinwalsertal.de

Die **Bergschau 1122** im Walserhaus von Riezlern thematisiert Flora, Fauna und die steinzeitlichen Funde am Gottesackerplateau (Walserstraße 64, Tel. 0043 5517 5 11 40; Mo.–Sa. 8.30–17.30, So. und Fei. 9.00–15.00 Uhr).

MUSEEN

Das **Walsermuseum** in Riezlern ist der Geschichte des Tals, seinen Bewohnern und deren Brauchtum gewidmet; im 2. Stock die „Walser Wohnkultur" und eine Alphütte (Walserstraße 54, Tel. 0043 5517 5 31 52 86; Weihnachten bis Fr. nach Ostern und Ende Mai bis Ende Okt. Mo.–Do. 14.00–17.00, Fr. 9.00 bis 12.00, Sa. und So. 10.00–17.00 Uhr). Der Naturstadl von Hirschegg beschäftigt sich mit dem Verhältnis von Mensch und Natur (Dürenbodenstraße 9, Tel. 0043 650 6 26 89 20; Mi., Fr., Sa. und So. 15.30–18.00 Uhr). In jedem der drei Hauptorte gibt es einen **Walser Kulturweg**; im Tourismusbüro gibt es dazu eine Broschüre.

AKTIVITÄTEN

Alle möglichen **Bergsportarten** für Sommer und Winter werden angeboten. Geführte Bergwanderungen, Kletter-, Berg-, Ski- und Schneeschuhtouren, Canyoning, Eisklettern etc. veranstaltet die Bergschule Kleinwalsertal (www.bergschule-kleinwalsertal.de).

VERANSTALTUNGEN

Alle zwei Jahre (wieder 2016) findet im Sept. das einwöchige internationale **Alphornfestival** statt, im März allj. das mehrtägige **Telemarkfestival** mit Rennen, Kursen für Einsteiger und Fortgeschrittene und großer Party.

BERGBAHNEN

Die **Kanzelwandbahn** (www.das-hoechste.com) wurde 1954 erbaut und 1973 mit dem Gebiet der Fellhornbahn verbunden. 2008 investierten beide Bahnen 6 Mio. Euro in eine gemeinsame Beschneiungsanlage. 3000 m³ Schnee werden damit pro Std. erzeugt – aber nur bei ausreichend tiefen Temperaturen.
Die **Walmendingerhorn-Bahn** nahm 1966 ihren Betrieb auf (2006 umgebaut; www.das-hoechste. com): Ein gläserner Aufzug und die windgeschützte Aussichtsterrasse sorgen an der Bergstation für Komfort und ungestörten Ausblick. Ein kleiner Alpenblumenlehrpfad führt bis hinauf zum Gipfelkreuz. Im Winter finden Skifahrer hier ein eher ruhiges, aber anspruchsvolles Revier.
1972 wurden die **Ifenlifte** (www.dashoechste.com) eröffnet. Im Sommer ermöglicht die Sesselbahn zur Ifenhütte einen leichten Zugang zum Gottesackerplateau, zum Aussichtsgipfel Hahnenköpfle und zum Gipfel des Hohen Ifen, eine teils abgesicherte Tour. Die auf Wanderkarten eingezeichnete Seilbahn zwischen Ifenhütte und Bergstation Bergadler ist nur im Winter in Betrieb. Das Skigebiet ist beliebt, da es attraktive Pisten bietet, aber nicht stark besucht ist.

INFORMATION

Kleinwalsertal Tourismus, Walserstraße 64, A-6992/D-87568 Hirschegg, Tel. 0043 5517 5 11 40, www.kleinwalsertal.com

Genießen Erleben Erfahren

DuMont Aktiv

Schnuppertour in luftiger Höh'

Der Hindelanger Klettersteig gehört zu den Klettersteigklassikern der Allgäuer Alpen. Wer noch nie über so einen luftigen Steig geklettert ist, kann es dort mit einem Bergführer auf einem Teilstück mal ausprobieren.

Mit Helm, Klettergurt und Klettersteigsicherung unterwegs im steilen, sonnenwarmen Fels, bei großartigem Fern-, schwindelerregendem Tiefblick und viel Luft unter den Sohlen: Wer davon träumt, aber nicht sicher ist, ob er sich wirklich traut, der kann das auf einer geführten Schnuppertour am Hindelanger Klettersteig ausprobieren. Der komplette Klettersteig erstreckt sich vom per Seilbahn erreichbaren Gipfelkamm des Nebelhorn (2224 m) über den Westlichen und Östlichen Wengenkopf (2236 m/2206 m), sowie über die Zacken der Zwiebelstränge bis kurz vor den Großen Daumen (2280 m). Der unter dem Kamm parallel verlaufende Höhenweg übers Koblat, ein Karrenfeld, ermöglicht an den Zwischenabstiegen und am Ende des Steigs eine schnelle Rückkehr zur Bergstation Höfatsblick. An Sommer-Donnerstagen bietet die Alpinschule Oberstdorf eine Schnupperrunde für Neulinge über den ersten Teil des Steigs an, wobei man dann über eine gesicherte Abstiegsroute rasch zurückkehrt zum Ausgangspunkt. Dabei erfährt man nicht nur, ob man schwindelnden Höhen wirklich gewachsen ist, sondern lernt vom Profi, wie man sicher und kraftsparend einen Klettersteig begeht.

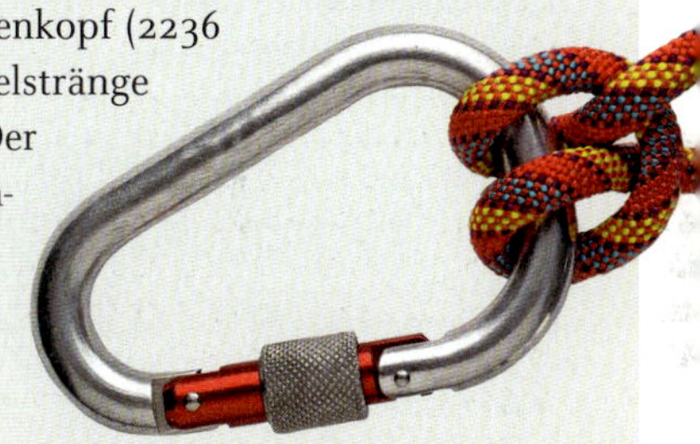

Schnuppertour Hindelanger Klettersteig am Gipfelkamm des Nebelhorn

Ausgangspunkt und Treffpunkt: Do. 8.00 Uhr an der Talstation der Nebelhornbahn in Oberstdorf nach vorheriger tel. Anmeldung in der Alpinschule Oberstdorf, Tel. 0832 2 95 22, www.alpinschule-oberstdorf.de. Weitere Informationen durch Tourismus Oberstdorf, Tel. 0832 2 70 00, www.oberstdorf.de, und unter www.nebelhorn.de

Der Hindelanger Klettersteig bietet Bergwanderern grandiose Ausblicke.

Die ungewöhnlichsten Schlafplätze

In luftiger Höh' und eisiger Höhl'

„Die Natur muss gefühlt werden" – wie Recht doch Alexander von Humboldt hatte. Und wo kann man das besser als beim Leben „outdoors". Ein Biwak im Schlafsack unterm Sternenhimmel ist zwar unübertroffen beim „Rendezvous" mit der Allgäuer Wildnis, doch die Vorstellung, was dabei im Dunkeln alles so kreuchen und fleuchen mag, erstickt die Lust darauf bei vielen im Keime. Zum Glück geht es auch anders …

1

3

1 Wie Tarzan und Jane

Wer hat nicht schon als Kind davon geträumt, in einem Baumhaus zu wohnen? Jetzt können sich sogar Oma und Opa zusammen mit ihren Enkeln diesen Traum erfüllen – in Betzigau bei Kempten. Dort hängen am Waldrand an starken Bäumen die zauberhaften, von der Familie Bechteler geschmackvoll gestalteten Holzhäuschen. Über eine breite Holztreppe gelangt man ins heimelige Innere, das auch solch Annehmlichkeiten wie Spülmaschine, Herd, Klospülung und Elektrizität bietet. Und durchs Dachfenster kann man ohne Angst vor Krabbeltieren so lange in den Sternenhimmel gucken, bis einem die Augen zufallen.

Ferienhof und Baumhaus Hotel, Familie Bechteler
Kaisersmad 6
87488 Betzigau
Tel. 08304 51 02, www.baumhaushotel-allgaeu.de

2 Auf Rentierfelle gebettet

Wer zum ersten Mal in einem Iglu übernachten, ist überrascht, wie angenehm und toll das ist. Bibbern muss im Igludorf an der Nebelhorn-Bergstation keiner, denn die dafür benötigte Ausrüstung wird gestellt und das „Bettlaken" besteht aus kuscheligen Rentierfellen. Eine ganz spezielle Stimmung herrscht hier nachts, wenn alle Lifte still stehen, in den benachbarten Iglus Ruhe eingekehrt ist und man dick vermummt völlig fasziniert draußen im Dunkeln steht, weil die glitzernde Milchstraße zum Greifen nah erscheint.

Igludorf, Allgäu Events GmbH & Co. KG, Matthias Lenz, Samuel-Bachmann-Straße 1, 87527 Sonthofen, Tel. 08321 80 03 00
www.iglu-lodge.de

3 Schaffa, schaffa, Iglu baua

Frei nach dem Motto der bayerisch-schwäbischen Häuslebauer schläft man am besten im selbst gebauten Eigenheim. Das gilt auch fürs Iglu. Der Bergführer-Baumeister zeigt wie man Schneeblöcke aussägt, die Rundwand hochzieht und den Schlussstein setzt. Und dann lüftet er das Geheimnis um die Bedeutung des Kältegrabens und des Verspachtelns fürs Wohnklima. Jeder wird nach der ersten Nacht zutiefst bedauern, dass dieses Eigenheim so vergänglich ist.

Bergschule Altissimo
Baldo Pazzaglia
Falkenstraße 18
87527 Sonthofen
Tel. 08321 8 71 38
www.altissimo.de

4 Tief einkuscheln im Heustadl

Zuerst steht eine Wanderung mit Schneeschuhen „auffi" zum Heustadl an, unterwegs besucht man das Pfrontener Heumuseum. Am Stadl angekommen, wird das Lager hergerichtet, bevor es mit Stirnlampe zum Vier-Gang-Menü in die warme Berghütte geht. Die Übernachtung im Schlafsack, tief eingekuschelt im weichen, kräuterreichen und würzig duftenden Heu ist ein tolles Erlebnis. Tags darauf folgt nach dem Frühstück das nächste Highlight: eine lange Abfahrt mit dem Lenkbob.

Auskünfte unter
Bergerlebnis Toni Freudig
Mühlenbichlweg 5
87459 Pfronten
Tel. 08363 53 64
www.freudig.de

5 Schwankend in schwindelerregender Höhe

Die Fotos von Bigwall-Kletterern, die im Yosemite mitten in einer riesigen, senkrechten Felswand in einer Art aufgehängtem Zelt übernachten, lehren das Gruseln. Wer das mal selbst ausprobieren will, kann das mithilfe eines Bergführers im Allgäu tun. Steile, teils überhängende Felswände von bis zu 300 Metern Höhe, in denen die schwankende Schlafstatt ausreichend von unten belüftet wird, gibt es genügend. Heftige Adrenalinausschüttungen sind garantiert.

Waldseilgarten Höllschlucht
Allgäuer Straße 12
87459 Pfronten-Ried
Tel. 08363 9 25 98 96
www.waldseilgarten
-hoellschlucht.de

6 Into the Wild

Achtung: Dieses Bergabenteuer der Jugendbildungsstätte Hindelang des Deutschen Alpenvereins ist wirklich nur für wilde Mädel und Jungs von 14 bis 18 Jahren geeignet. Eltern dürfen nicht mit, die Angst vor Krabbeltierchen sollte beherrschbar sein und Warmduscher bleiben besser daheim. Das Wasser vom Wildbach oder Bergsee zum Waschen ist nämlich kalt. Gekocht wird gemeinsam, geschlafen wird unterm Sternenhimmel, wenn's regnet in einer Hütte. Nach der gemeinsamen Planung am ersten Tag geht's los – nicht auf ausgetretenen Pfaden, sondern im weglosen Gelände und zu eher unbekannten Gipfeln der Allgäuer Alpen. Kondition für mehrere Stunden Gehzeit mit Rucksack ist erforderlich. Teamgeist auch. Nachwuchsabenteurer, die all das reizt, erleben eine unvergessliche geniale einwöchige Biwaktour, bei der man viel lernt: über sich, die Bergwelt und das Miteinander.

Einwöchiges Angebot der DAV-Jugendbildungsstätte in Bad Hindelang
Jugend des Deutschen Alpenvereins
Von-Kahr-Str. 2–4
80997 München
Tel. 089 1 40 03, www.jdav.de

Service

Keine Reise ohne Planung. Auf den folgenden Seiten haben wir für Sie Wissenswertes und wichtige Informationen für Ihren Allgäu-Urlaub zusammengestellt.

Die Therme von Bad Wörishofen ist eines der vielen Wellness-Ziele im Allgäu.

Anreise

Mit dem Auto: Hauptzufahrtsstrecken sind die Autobahn A 7 Ulm–Kempten–Füssen, die A 8 Stuttgart–Ulm, die A 96 München–Memmingen–Kaufbeuren–Lindau, die Bundesstraße B 12 Buchloe–Kempten–Isny–Lindau und die B 19 Kempten–Immenstadt–Sonthofen– Oberstdorf.
Mit der Bahn: Die Haupt-Zielorte der Allgäuer Alpen sind gut per Bahn zu erreichen. Aus Hamburg kommend, fährt täglich der IC „Nebelhorn" und aus dem Ruhrgebiet der IC „Allgäu" nach Oberstdorf. Gute Bahnverbindungen nach Kempten und Oberstdorf gibt es ab Ulm/Stuttgart, vom Bodensee und ab München (Deutsche Bahn Fahrplanauskunft 0800 150 70 90, kostenpfl. Service-Tel. 01805 99 66 33, www.bahn.de; Allgäu Express kostenpfl. Service-Tel. 01801 23 12 32; Verkehrsgemeinschaft Oberallgäu Tel. 08322 9 67 70, www.oberallgaeu.org). Von Kempten fährt die Außerfernbahn über Zollhaus, Oy-Mittelberg und Pfronten bis Ehrwald und Garmisch-Partenkirchen auf einer der schönsten Routen durchs Allgäu (www.erlebnisbahn.at/ausserfernbahn).
Mit dem Bus: Das Allgäu ist durch Busverbindungen erschlossen, nicht überall aber sind die Verbindungen gleich gut. Hilfreiche Gesamtdarstellung der Hauptverkehrslinien unter: www.rba-bus.de (Liniennetz Regionalbus Augsburg GmbH). Von den Busbahnhöfen in Kempten, Oberstdorf und Sonthofen gibt es gute Verbindungen in verschiedene Täler und zu Nachbarorten; Gäste mit der Allgäu-Walser-Card (s. Kasten) fahren im Kleinwalsertal und im Stadtgebiet von Oberstdorf gratis.
Busfahrpläne sind zu finden für das Oberallgäu auf der Seite www.oberallgaeu.org des Landratsamts Oberallgäu unter „Verkehr", für das Unterallgäu auf www.vvm-online.de, für das Ostallgäu auf www.rvo-bus.de unter „OVG", für das Westallgäu auf www.landkreis-lindau.de des Landkreises Lindau unter „ÖPNV", für das Tannheimer Tal auf www.tannheimertal.com unter „Region/Busfahrpläne".
Vom Busbahnhof Oberstdorf fährt tagsüber alle 20 Min. der Grüne Walserbus ins Kleinwalsertal. Dort gibt es Busshuttles mit mehreren Linien, die im 10- bis 20-Minutentakt bis in die hinteren Winkel der Seitentäler verkehren.

Info

Ermäßigungen

Jeder Übernachtungsgast im Allgäu erhält kostenlos die **Allgäu-Walser-Card**. Sie bietet Vergünstigungen und Gratisangebote bei vielen Partnerbetrieben im Allgäu und Kleinwalsertal.

Informationen unter der Service-Hotline Tel. 08321 8 00 45 40 und auf www.oberallgaeu.de

Auskunft

Überregional: Bayern Tourismus, Leopoldstraße 146, 80804 München, Tel. 089 2 12 39 70, www.bayern.by
Tourismusverband Allgäu/Bayerisch-Oberschwaben, Schießgrabenstraße 14, 86150 Augsburg, Tel. 0821 4 50 40 10, www.bayerisch-schwaben.de
Allgäu GmbH, Allgäuer Straße 1, 87435 Kempten, Prospektservice kostenpfl. Tel. 01805/127000, www.allgaeu.info
Regional: Ferienregion Allgäu, Isny Marketing, Unterer Grabenweg 18, 88316 Isny im Allgäu, Tel. 07562 97 56 30, www.ferienregion-allgaeu.de
Tourismusinfo Oberallgäu, Hindelanger Straße 35, 87527 Sonthofen, Tel. 08321 8 00 45 40, www.oberallgaeu.de
Werbegemeinschaft Westallgäu, Tel. 08381 8 91 64 83, www.westallgaeu.de
Tourismusverband Ostallgäu, Schwabenstraße 11, 87616 Marktoberdorf, Tel. 08342 1 13 13, www.ostallgaeu.de
Tourismusgemeinschaft Südliches Allgäu, Hauptstraße 33, 87637 Seeg, Tel. 08364 98 30 33, www.suedliches-allgaeu.de
Tourismus Unterallgäu Aktiv, Kneippstraße 2, 86825 Bad Wörishofen, Tel. 08247 99 89 00, www.unterallgaeu-aktiv.de
Kleinwalsertal Tourismus, Im Walserhaus, A-6992 oder D-87568 Hirschegg, Tel. +43 5517 5 11 40, www.kleinwalsertal.com
Tourismusverband Tannheimer Tal, Oberhöfen 110, A-6675 Tannheim, Tel. +43 5675 6 22 00, www.tannheimertal.com
Allgäu-Tirol Vitales Land, Tourismusverbund von 14 Ferienorten und -regionen im Allgäu und in Tirol mit gemeinsamen Angeboten, 87616 Marktoberdorf, Tel. 08342 91 14 74, www.vitalesland.com
Tourenplanung: Bergwetterbericht des Deutschen Alpenvereins Tel. 089 29 50 70 und www.alpenverein.de, Alpine Beratung Oberstdorf mit Informationen zu Wegen und Touren

Alle vier Jahre erinnern die Memminger mit dem Wallensteinfest an das Jahr 1630, als sich der legendäre Heerführer in der Stadt aufhielt.

vor Ort Tel. 08322 70 02 00, Alpine Beratung des Deutschen Alpenvereins in München, Tel. 089 29 49 40 und www.alpine-auskunft.de
Internet: www.dein-allgaeu.de ist ein interessantes, privat erstelltes Infoportal, www.sennalpwege.de bietet Informationen zu 31 Allgäuer Sennalpen mit Käseproduktion.

Bergschau

Neben den vier **Bergschau-Infozentren** am Fellhorngipfel, im Alten Rathaus von Oberstdorf, im Walserhaus in Hirschegg und in der Breitachklamm gibt es elf Bergschau-Infopunkte und fünf Bergschau-Wege. An den **Bergschau-Infopunkten** in der Natur wie an der Stillach, am Freibergsee, auf der Kanzelwand, an der Ifenhütte oder am Hörnlepass erfährt man draußen in der Natur viel Wissenswertes. Der grenzüberschreitende **Bergschau-Weg** Alp-Weg zwischen Söllereck und Riezlern informiert an sechs Stationen über das Thema Alpwirtschaft in den Bergen.

Brauchtum

Funkenfeuer: Am Funkensonntag, dem 1. So. nach Fastnacht, wird dieser urspr. keltische Brauch gefeiert. Auf Anhöhen werden dabei große Holzstöße (Funken) mit einer Heupuppe (Hexe) angezündet und abgebrannt. Bei geselligem Beisammensein am Funken gibt es Glühwein und süße „Funke-Kiachle", um den Winter und die Kälte zu verabschieden.
Viehscheid: Beim Alpabtrieb im Sept. kommen die Kühe nach dem Bergsommer auf den Alpen wieder ins Tal. Angeführt wird der Zug von geschmückten Kranzrindern – allerdings nur, wenn es auf der Alpe keinen Unfall gab. Auf dem Scheidplatz werden die Tiere an ihre Besitzer zurückgegeben. Der Viehscheid gehört zu den wichtigsten Festen im Allgäu und ist eine beliebte touristische Attraktion.
Wilde Klausen und Bärbele: Am 5. und 6. Dez. treiben die Wilden Klausen abends ihr Unwesen. In Felle vermummt, mit Hörnern auf dem Kopf, Kuhschellen und Weidenruten ziehen die Junggesellen durch die Orte, um die bösen Geister des Winters zu vertreiben. Ebenso gruselig verkleidet sind die Bärbele, ledige Frauen, die bereits am 4. Dez. unterwegs sind.

Essen und Trinken

Die traditionelle Allgäuer Küche ist von Bayern und Schwaben geprägt. Am bekanntesten sind die je nach Form **Allgäuer Kässpatzen** oder **-knöpfle** (Spätzle sind lang, Knöpfle dick und kurz): Teigwaren mit viel geriebenem Käse und braun gebratenen Zwiebeln. Bei Kennern kommt es dabei sehr auf die Käsemischung an. Spätzle werden auch gerne mit Speckkraut, Kümmel und Schmalz zu Krautspätzle oder mit Spinat zu Spinatspätzle kombiniert oder als Beilage zu Hauptgerichten gereicht. Dasselbe gilt für die **Buabaspitzle** oder **Schupfnudeln**, längliche, in der Mitte dickere Nudeln aus Mehl- und Kartoffelteig, die oft mit Sauerkraut oder als Beilage serviert werden. Ein traditionelles Gericht sind **Krautkrapfen**, knusprig gebratene Röllchen aus dünn ausgezogenem Nudelteig mit Sauerkraut. Auch **Maultaschen** werden in allen Variationen serviert – mit Füllungen aus Brät, Fisch, Spinat oder Bärlauch, in der Suppe, gebraten oder als Beilage. Auch Gerichte aus heimischem Wild erfreuen sich großer Beliebtheit und werden auf verschiedenste Weise zubereitet.
Nachweislich haben im Allgäu bereits die Kelten vor 2500 Jahren **Bier** gebraut. In der Römerzeit gab es in Cambodunum (Kempten) kleine Hausbrauereien. Quellen aus dem

Info

Daten & Fakten

Landesnatur: Das Allgäu reicht im Westen bis Lindau am Bodensee, im Nordwesten bis Wolfegg, im Nordosten bis Kaufbeuren, im Osten bis zum Lech und Säuling bei Schwangau, im Süden bis Oberstdorf. Zum Oberallgäu werden landläufig auch das österreichische Tannheimer Tal, die Enklave Jungholz und das Kleinwalsertal gerechnet. Während Jungholz und das Kleinwalsertal schon früher wirtschaftlich Deutschland angeschlossen waren, wird das Tannheimer Tal dazugezählt, weil es über Oberjoch leichter zugänglich ist als über den Gaichtpass und das Lechtal. Das Gebirgsdreieck zwischen dem voralpinen Hügelland, dem Bodensee, dem Bregenzer Wald, den Lechtaler und Ammergauer Alpen wirkt auf der Karte recht geschlossen, ist geologisch gesehen aber ein ziemliches Chaos. Ursache dafür sind die tektonischen Verschiebungen, Aufwerfungen, Stauchungen und Brüche, zu denen es bei der Gebirgsauffaltung kam, und die Eiszeiten. Deshalb bieten die Allgäuer Alpen in geologischer und als Folge auch in botanischer Hinsicht eine staunenswerte Vielfalt.
Verwaltung: Das Allgäu gehört überwiegend zum bayerischen Regierungsbezirk Schwaben (ca. 4000 km², 590 000 Einw.), ein kleiner Teil ist baden-württembergisch (800 km², 100 000 Einw.). Kreisfreie Städte sind Kaufbeuren (42 000 Einw.), Kempten (61 700 Einw.) und Memmingen (41 000 Einw.).
Wirtschaft: 62 % aller Beschäftigten arbeiten im Dienstleistungsbereich, davon 12 % im Tourismus. 34 % der Beschäftigten sind im produzierenden Gewerbe tätig, in der Landwirtschaft immerhin noch 4 % (Deutschland 2,2 %). Diese ist allerdings lediglich mit 1,4 % am Bruttoinlandsprodukt beteiligt, u. a. auch weil viele der bäuerlichen Betriebe im Nebenerwerb geführt werden. Rund 2,3 Mio. Gäste besuchen jedes Jahr das Allgäu, davon stammen 16 % aus dem Ausland. Das Allgäu ist das beliebteste Bergwandergebiet Deutschlands.

Ob in fester oder flüssiger Form, ob Krautkrapfen oder Kräuterlikör – Das Allgäu schmeckt!

Info

Geschichte

8000–3000 v. Chr.: Aus der Mittleren Steinzeit stammen die ältesten menschlichen Spuren.
1200 v. Chr.: Illyrer dringen aus dem heutigen Ungarn über Norditalien bis ins Allgäu vor.
500 v. Chr.: Von Gallien kommend, wandern Kelten ein und siedeln sich an.
15 v. Chr.–410 n. Chr.: Die Römer erobern das südliche Bayern und gründen befestigte Siedlungen an den Knotenpunkten ihrer Handelsstraßen, u. a. Cambodunum (Kempten).
213–500: Alemannen dringen bis Kempten vor und beenden die Römerherrschaft.
496–9. Jh.: Die Franken unterwerfen die Alemannen. Die danach einsetzende Christianisierung ist im 9. Jh. abgeschlossen.
817: Erste Erwähnung des Allgäus in einer Urkunde des Klosters St. Gallen.
839: Beginn des Aufstiegs der Welfen in Oberschwaben. Durch Kauf gelangt das Welfische Schwaben 1178 an Kaiser Friedrich I. Barbarossa, die Staufer sind nun Herzöge ganz Schwabens. Nach dem Tod Konradins 1268 (letzter Staufer) zerfällt das Gebiet in kleine weltliche oder geistige Territorien und Freie Reichsstädte.
Ab 1520: Reformation im Allgäu.
1525: Die Allgäuer Bauern schließen sich zum „Sonthofener Haufen" zusammen. Die aufständischen Bauern werden besiegt.
Ab 1550: Beginn der „Vereinödung", einer Art Flurbereinigung.
1618–1648: Der Dreißigjährige Krieg zwischen Protestanten und Katholiken spaltet auch die schwäbischen Territorien und führt zu blutigen Kämpfen; außerdem wütet 1630 bis 1632 die Pest. Bei Kriegsende hat das Allgäu zwei Drittel der Bevölkerung verloren.
1802/1811: Die Fürstabtei Kempten und die Freie Reichsstadt Kempten kommen zu Bayern. Per Dekret werden die beiden Territorien 1811 zur Stadt Kempten vereinigt. Durch die von Napoleon veranlasste Säkularisation 1803 werden kunsthistorisch bedeutende Kirchen, Klöster und Kunstschätze zerstört oder verkauft.
1810: Reform Bayerns durch König Maximilian I.: u. a. Abschaffung der Adelsprivilegien, Rechtsgleichheit, Gleichstellung der christlichen Konfessionen, 1818 Festschreibung bürgerlicher Grundrechte in einer der ersten deutschen Verfassungen.
1830–1848: Das „blaue" Allgäu wird „grün". Die Umstellung vom Flachsanbau auf die Milchwirtschaft führt zum Strukturwandel in der Region. Noch heute prägt Grünlandwirtschaft die Kulturlandschaft und sichert die Basis des einträglichen Tourismus.
1832–1886: Maximilian II. lässt das Schloss Hohenschwangau bauen, Prinz Luitpold wählt Oberstdorf zur zweiten Heimat, Ludwig II. baut von 1869 bis zu seinem Tod 1886 an Schloss Neuschwanstein.
Ab 1850: Entwicklung des alpinen Tourismus, ab 1855 des Kneippkur-Tourismus in Wörishofen und an anderen Orten.
Ab 1897: Beginn des Skisports im Allgäu – zu den Pionieren gehört Hofrat Dr. Max Madlener, der mit Gefährten 1897 auf Skiern den Stuiben, 1901 das Nebelhorn besteigt.
1921: Gründung der Allgäuer Butter- und Käsebörse in Kempten.
Ab 1934: Urlaubsreisen der nationalsozialistischen Freizeit-Organisation „Kraft durch Freude" führen auch ins Allgäu.
1945: Besetzung Lindaus und des württembergischen Allgäus durch Franzosen, des bayerischen Allgäus durch US-Amerikaner. Nach Kriegsende Ansiedlung von Zigtausenden Heimatvertriebenen und Flüchtlingen.
1972: Verwaltungsreform mit Bildung der Landkreise Ober- und Unterallgäu, West- und Ostallgäu.
2009: Die Kleinwalsertaler Bergbahn AG übernimmt die Ifen-Bergbahn – ein weiterer Konzentrationsschritt, nachdem die Betreiber der Bahnen an Kanzelwand, Fellhorn, Walmendingerhorn und Nebelhorn bereits die gemeinsame Marke „Das Höchste" gegründet haben.
2015: 1200-jähriges Jubiläum der Stadt Wangen mit zahlreichen Veranstaltungen.

Mittelalter berichten bereits von blühendem Brauwesen in Kempten. 1394 wurde die Stiftsbrauerei erwähnt. Die Allgäuer Brauhaus AG (Radeberger Gruppe) war eine expansive, traditionsreiche Privatbrauerei, die nach dem Zweiten Weltkrieg Brauereien nicht nur in Kempten aufkaufte, u. a. die Stiftsbrauerei, und heute in Marktoberdorf residiert (Schwendener Straße 18, Marktoberdorf-Leuterschach, www.allgaeuer-brauhaus.de; Führung nach Anm. Di. und Do. 13.00 Uhr). Es gibt noch einige kleine Brauereien im Allgäu, zu den ältesten gehört die 1447 gegründete Zötler-Brauerei in Rettenberg (Grüntenstraße 2, Tel. 08327 92 10, www.zoetler.de; Führung Di. 10.30, Mi. 18.30 und Do. 14.00 Uhr), wo es seit 1668 auch noch die Engelbräu-Brauerei gibt (Burgberger Straße 7, Tel. 08327 9 30 00, www. engelbraeu.de; Führung nach Anm. Mi. 10.00 Uhr). Weitere Brauereien sind u. a. die Klosterbrauerei Irsee, der Meckatzer Löwenbräu nördl. Lindenberg (Meckatz 10, Heimenkirch, Tel. 08381 5040, www.meckatzer.de; Führungen im Sommer Mi. 9.00 Uhr), die Postbrauerei in Weiler-Simmerberg (Käsgasse 17, www.post-brauerei.de; Führungen April bis Sept. Di. 9.45 Uhr nach Anm. unter Tel. 08387 3 9150) und die Postbrauerei in Nesselwang (www. post-brauerei-nesselwang.de).

Hotels

Preiskategorien

€ € € €	Doppelzimmer	über 200 €
€ € €	Doppelzimmer	150 – 200 €
€ €	Doppelzimmer	100 – 150 €
€	Doppelzimmer	50 – 100 €

Das Allgäu bietet unzählige Angebote. Nachfolgend eine kleine Auswahl:

Bad Hindelang: € € / € € € € Hotel Prinz-Luitpold-Bad, Andreas-Gross-Straße 7, 87541

Bad Hindelang-Bad Oberdorf, Tel. 08324 8900, www. luitpoldbad.de. Traditionsreiches Alpenhotel von 1864, mit Deutschlands höchstgelegener Schwefelquelle. Restaurant, Parkplätze, Sauna, Pool. 90 Z., 2 Suiten.
€ € Hotel Sonne, Marktstraße 15, 87541 Bad Hindelang, 08324 89 70, www.sonne-hindelang.de. Traditionsreiches Haus. Empfehlenswertes Restaurant „Chesa Schneider" mit alpenländischer Küche, Parkplätze, Wellness. 57 Z., 7 App., 5 Suiten.
Bad Wörishofen: € € € € Der Sonnenhof, Hermann-Aust-Straße 11, 86825 Bad Wörishofen, Tel. 08247 9590, www.spahotel-sonnenhof.de. Steigenberger-Kur- und Tagungshotel mit weitläufiger Wellnesslandschaft. Empfehlenswerte Restaurants mit Allgäuer Spezialitäten und internationalen Leckereien, Parkplätze, Reiten. 156 Z., 13 Suiten.
Balderschwang: € € € / € € € € Hotel Hubertus, 87538 Balderschwang, Tel. 08328 92 00, www.hotel-hubertus.de. Mischung aus Tradition und Moderne, Style und Gemütlichkeit, großes Wellnessangebot. Parkplätze. 50 Z. (Vollpension), 5 Suiten.
Fischen: € € € / € € € € Parkhotel Burgmühle, Auf der Insel 2–4, 87538 Fischen, Tel. 08326 99 50, www.parkhotel-burgmuehle.de. Ferienhotel mit großem Spa. Parkplätze. 48 Z., 24 App., 6 Suiten.
Füssen: € / € € Hotel Geiger, Uferstraße 18, 87629 Füssen-Hopfen am See, Tel. 08362 70 74, www.hotel-geiger.de. Familiär geführter Feriengasthof mit Wellnessbereich. Restaurant, Parkplätze, Reiten, Fahrradverleih. 30 Z., 3 Suiten.
Isny: € € € Berghotel Jägerhof, Jägerhof 1, 88316 Isny, Tel. 07562 7 70, www.berghotel-jaegerhof.de. Ferienhotel in Einzellage mit Alpenblick, Landhauszimmern und großem Wellnessbereich. Empfehlenswertes Restaurant für Fans der Schwäbisch-Allgäuer Küche, Parkplätze, Reiten. 88 Z. ink. 9 Suiten.
Kaufbeuren: € € / € € € Goldener Hirsch, Kaiser-Max-Straße 39–41, 87600 Kaufbeuren, Tel. 08341 4 30 30, www.goldener-hirsch-kaufbeuren. de. Großzügige Zimmer im verkehrsberuhigten Zentrum vom Kaufbeuren. Empfehlenswertes Restaurant und Café mit Regionalgerichten und Kuchen und Torten aus der hauseigenen Konditorei, Parkhaus, Sauna. 42 Z.
Kißlegg: € Hofgut Eggen, Eggen 1, 88353 Kißlegg-Eggen, Tel. 07563 1 80 90, www.hofguteggen.de. Gepflegtes Hofgut mit recht komfortablen Zimmern im Landhausstil, Fitnesscenter. Parkplätze, Sauna, Reiten. 12 Z.
Lindau: € € € / € € € € Bayerischer Hof, Bahnhofplatz 2 (Uferpromenade), 88131 Lindau, Tel. 08382 9150, www.bayerischerhof-lindau.de. Zimmer meist mit Seeblick, Wellnessbereich mit Freibad. Restaurant, Parkplätze, Reiten, Fahrradverleih. 97 Z. inkl. 2 Suiten.
Memmingen: € € Hotel Falken, Rossmarkt 3, 87700 Memmingen, Tel. 08331 9 45 10, www.hotel-falken-memmingen.com. Garni-Hotel mit gemütlichen Zimmern. Parkhaus, keine Hunde erlaubt. 42 Z.
Mindelheim: € Alte Post, Maximilianstraße 39, 87719 Mindelheim, Tel. 08261 76 07 60, www.hotel-alte-post.de. Historisches Haus aus dem 16. Jh. mit modernem Zeitgeist. Empfehlenswertes Restaurant mit internationalen Gerichten, historische Weinstube, Parkplätze, Sauna. 42 Z., 2 App., 2 Suiten.
Nesselwang: € Brauerei-Gasthof Post, Hauptstraße 25, 87484 Nesselwang, Tel. 08361 3 09 10, www.hotel-post-nesselwang.de. Traditionsreicher Gasthof seit 1650, hausgebraute Biere und Brauereimuseum, gepflegte, ländliche Einrichtung. Parkplätze. 23 Z., 1 App.
Oberstaufen: € € € € Hotel Allgäu Sonne, Stießberg 1, 87534 Oberstaufen, Tel. 08386 70 20, www.allgaeu-sonne.de. Fünf-Sterne-Ambiente mit Restaurants und ausgedehntem Wellnessbereich (Pools, Sauna, Dampfbad), Aktivprogramm u. a. im Sommer mit Berg- und Mountainbiketouren (Fahrradverleih), Tennis, im Winter Schneeschuhwanderungen und Ski. 155 Zimmer, darunter 34 App. und 12 Suiten.
€ € € / € € € € Lindner Parkhotel, Argenstraße 1, 87534 Oberstaufen, Tel. 08386 70 30, www.lindner.de. Komfortables Kur- und Ferienhotel mit Zirbelholz-Zimmern. Restaurant, Parkplätze, Wellness, Reiten, Golf, Fahrradverleih. 86 Zimmer, 4 App., 6 Suiten.
Oberstdorf **€ € / € € € Alpenhotel Tiefenbach**, Falkenstraße 15, 87561 Oberstdorf-Tiefenbach, Tel. 08322 7020, www.alpenhotel-tiefenbach. de. Ferienhotel mit unterirdisch verbundenen Gästehäusern, schöner Wellness- und Beautybereich. Restaurant, Parkplätze, Reiten, Fahrradverleih. 85 Z.
€ € Schüles Gesundheitsresort & SPA, Ludwigstraße 37–41, 87561 Oberstdorf, Tel. 08322 70 10, www.schueles.com. Gesundheits- und Wellnesshotel in ruhiger, sonniger Lage, großer Vital- und Spa-Bereich. Restaurant, Parkplätze. 108 Z., 2 Suiten.
Pfronten: € € € Bavaria, Kienbergstraße 62, 87459 Pfronten, Tel. 08363 90 20, www.bavaria-pfronten.de. Ferienhotel am Breitenberg mit Wellnessbereich. Restaurant, Parkplätze, Reiten. 43 Z. (Halbpension), 4 App., 3 Suiten.
Schwangau: € € Hotel Rübezahl, Am Ehberg 31, 87645 Schwangau-Horn, Tel. 08362 88 88, www.hotelruebezahl.de. Ferienhotel mit Landhauszimmern und mediterraner Thermenan-

Eingebettet in der Allgäuer Berglandschaft liegen imposante Schlösser (Neuschwanstein) und idyllische Kapellen (Hergatsrieder See).

lage. Empfehlenswertes Restaurant, Parkplätze, Reiten. 29 Z., 10 Suiten.
Sonthofen: € € € / € € € € AllgäuStern Hotel, Buchfinkenweg 2, 87527 Sonthofen-Staig, Tel. 08321 27 90, www.allgaeustern.de. Großzügige Hotelanlage mit Wellnessbereich. Empfehlenswerte Restaurants, Parkplätze, Reiten, Fahrradverleih. 425 Z., 62 App., 28 Suiten.
Wangen: € € Hotel Waltersbühl, Max-Fischer-Straße 4, 88239 Wangen, Tel. 07522 91 68 00, www.hotel-waltersbuehl.de. Sport- und Freizeithotel mit modernen Zimmern. Restaurant, Parkplätze, Sauna, Reiten. 50 Z.

Restaurants

Preiskategorien

€ € € €	Hauptgerichte	über 20 €
€ € €	Hauptgerichte	15–20 €
€ €	Hauptgerichte	10–15 €
€	Hauptgerichte	50–10 €

Eine Region wie das Allgäu hat traditionell ein großes Angebot. Hier eine kleine Auswahl:
Fischen: € € / € € € Tanneck, Maderhalm 20, 87538 Fischen, Tel. 08326 99 90, www.hotel-tanneck.de. Regionale und internationale Spezialitäten mit Blick auf die Bergwelt.
Füssen: € € / € € € € Kurfürst von Bayern, Bahnhofstraße 1–3, 87629 Füssen, Tel. 08362 90 40, www.luitpoldpark-hotel.de. Kulinarische Genüsse in stilvollem Ambiente.
Isny: € € / € € € € Restaurant im **Terrassenhotel**, Alpenblickweg 3, 88316 Isny-Neutrauchburg, Tel. 07562 9 71 00, www.terrassenhotel.de. Gemütlich mit regionalen Speisen.
Kempten: € € / € € € € Haubenschloss, Haubenschlossstraße 37, 87435 Kempten, Tel. 0831 2 35 10, www.haubenschloss-ke.de. Restaurant-Café mit deutscher Küche und sehr guten Kuchen und Torten. Mo. Ruhetag.
Lindau: € € € Hoyerberg Schlössle, Hoyerbergstraße 64, 88131 Lindau-Hoyren, Tel. 08382 2 52 95, www.hoyerberg.de. Französisch geprägte Küche, Terrasse mit Blick auf Alpen und Bodensee. Mo. Ruhetag, Di. erst ab 18.00 Uhr.
€ € € / € € € € Reutemann mit Seegarten, Seepromenade, 88131 Lindau, Tel. 08382 91 50, www.bayerischerhof-lindau.de. Elegant mit Gartenterrasse, international ausgerichtete Küche.
Lindenberg: € € / € € € Lindenberger Hof, Hauptstraße 50, 88161 Lindenberg, Tel. 08381 30 40, www.lindenbergerhof.de. Regionale Gerichte mit sehr gutem Preis-Leistungs-Verhältnis. Do. Ruhetag.
Leutkirch: € € / € € € Gasthof Mohren, Wangener Straße 1, 88299 Leutkirch, Tel. 07561 9 85 70, www.brauereigasthofmohren.de. Zum braufrischen Bier schmecken die regionalen Spezialitäten. Di. Ruhetag. Biergarten.
Oberstaufen: € € € Posttürmle, Bahnhofsplatz 4, 87534 Oberstaufen, Tel. 08386 74 12, www.posttuermle.de. Kleines, aber feines Abendrestaurant. Di. Ruhetag.
Oberstdorf: € € € / € € € € Königliches Jagdhaus, Ludwigstraße 13, 87561 Oberstdorf, Tel. 08322 98 73 80, www.koenigliches-jagdhaus.de. „Le Royal" mit französischen Gourmet-Gerichten, weitere Restaurants mit regionaler Küche. Mit Biergarten und Terrasse. „Le Royal" Mo., „Jagdstube" Di. Ruhetag
€ € € € Maximilians, Freibergstraße 21, 87561 Oberstdorf, Tel. 08322 9 67 80, www.landhaus-freiberg.de. Elegantes Restaurant mit mehrfach prämierter Gourmetküche. Nur abends, So. Ruhetag.
Pfronten: € € € / € € € € Schlossanger-Alp, Am Schlossanger 1, 87459 Pfronten-Obermeilingen, Tel. 08363 91 45 50, www.schlossanger.de. Gaststuben in herrlicher Umgebung (1130 m) mit regionaler Küche.
Wangen: € € € Adler, Obere Dorfstraße 4, 88239 Wangen-Deuchelried, Tel. 07522 70 74 77. Allgäuer Landgasthaus mit regionaler, saisonorientierter Küche. Mo. und Di. Ruhetag.

Register

Fette Ziffern verweisen auf Abbildungen

Impressum

3. Auflage 2016

Verlag: DuMont Reiseverlag, Postfach 3151, 73751 Ostfildern, Tel. 0711 45 02-0, Fax 0711 45 02-135, www.dumontreise.de
Geschäftsführer: Dr. Thomas Brinkmann, Dr. Stephanie Mair-Huydts
Programmleitung: Birgit Borowski
Redaktion: Frank Müller, Olaf Rappold, Anja Schlatterer (red.sign Stuttgart)
Text: Gaby Funk, Oy-Mittelberg
Exklusiv-Fotografie: Katja Kreder, Murnau
Titelbild: laif/Jens Schwarz
Zusätzliches Bildmaterial: S. 4 r. u. movelo GmbH, S. 5 u. iStockphoto/Laborer, S. 7 u. l. Katja Kreder, S. 8/9 und 10/11 Bildagentur Huber/R. Schmid, S. 12/13 mauritius images/Bernd Römmelt, S. 16/17 laif/Frank Heuer, S. 18 o. iStockphoto, S. 18 u. l. laif/Thomas Linkel, S. 18 r. Bildagentur Huber/Bäck, S. 19 o. laif/Thomas Linkel, S. 20/21 Bildagentur Huber/R. Schmid, S. 32 o. iStockphoto, S. 32 u. l. Bildagentur Huber/R. Schmid, S. 32 r. Bildagentur Huber/Mirau, S. 33 l. Bildagentur Huber/R. Schmid, S. 33 r. laif/Sophie Henkelmann, S. 37 Desperate Hausewives/Sabine Streck, S. 38/39 LOOK-foto/Andreas Strauss, S. 40 o. l. LOOK-foto/Elan Fleisher, S. 41 u. r. mauritius images/Uta und Horst Kolley, S. 46 u. l. Katja Kreder, S. 47 o. und 55 l. DuMont Bildarchiv/Markus Heimbach, S. 55 r. o. Bildagentur Huber/R. Schmid, S. 55 r. u. DuMont Bildarchiv/Markus Heimbach, S. 57 o. Getty Images/Christian Carroll, S. 69 u. Gaby Funk, S. 70 und 71 movelo GmbH, S. 73 l. DuMont Bildarchiv/Reinhard Eisele, S. 74 l. o. DuMont Bildarchiv/Markus Heimbach, S. 75 o. laif/Tobias Gerber, S. 75 u. Kamelfarm Allgäu, S. 78/79 LOOK-foto/Quadriga Images, S. 86 und 88 Gaby Funk, S. 89 LOOK-foto/Andreas Strauss, S. 92 r. Katja Kreder, S. 93 mauritius images/imagebroker/Michael Mährlein, S. 113 o. iStockphoto/Laborer, S. 113 u. Katja Kreder, S. 114 l. Baumhaushotel Allgäu/Familie Bechteler, S. 114 r. ALTISSIMO-Bergführerteam, S. 115 l. Waldseilgarten Höllschlucht, S. 115 r. Glow Images, S. 115 u. iStockphoto, S. 116 u. Getty Images/Simon Watson, S. 118 l. Bildagentur Huber/R. Schmid
Grafische Konzeption, Art Direktion, Layout: fpm factor product münchen
Cover Gestaltung: Neue Gestaltung, Berlin
Kartografie: © MAIRDUMONT GmbH & Co. KG, Ostfildern
Kartografie Lawall (Karten für „Unsere Favoriten")
DuMont Bildarchiv: Marco-Polo-Straße 1, 73760 Ostfildern, Tel. 0711 45 02-266, Fax 0711 45 02-10 06, bildarchiv@mairdumont.com

Anzeigenvermarktung: MAIRDUMONT MEDIA, Tel. 0711 45 02-0, Fax 0711 45 02-1012, media@mairdumont.com, http://media.mairdumont.com
Vertrieb Zeitschriftenhandel: PARTNER Medienservices GmbH, Postfach 810420, 70521 Stuttgart, Tel. 0711 72 52-212, Fax 0711 72 52-320
Vertrieb Abonnement: Leserservice DuMont Bildatlas, Zenit Pressevertrieb GmbH, Postfach 810640, 70523 Stuttgart, Tel. 0711 7252-265, Fax 0711 7252-333, dumontreise@zenit-presse.de
Vertrieb Buchhandel und Einzelhefte: MAIRDUMONT GmbH & Co. KG, Marco-Polo-Straße 1, 73760 Ostfildern, Tel. 0711 45 02-0, Fax 0711 45 02-340
Reproduktionen: PPP Pre Print Partner GmbH & Co. KG, Köln
Druck und buchbinderische Verarbeitung: NEEF + STUMME premium printing GmbH & Co. KG, Wittingen, Printed in Germany

FSC
www.fsc.org
MIX
Papier aus verantwortungsvollen Quellen
FSC® C001857

In Wiesbaden versteht man zu leben und zu genießen – ein Schwatz am Abend gehört unbedingt dazu.

Es gibt sie selbst auf Mallorca, einsame Buchten, in denen man die herrliche Natur (fast) für sich allein hat.

Wiesbaden
Rheingau

Stadt der Superlative
Technik, Architektur, Sport und Kultur oder auch Kulinarisches, nahezu in jedem Bereich hat Wiesbaden Außergewöhnliches zu bieten – lassen Sie sich überraschen ...

Picknick und Kunsterlebnis
Die Winzer im Rheingau offerieren weit mehr als nur gute Weine.

Ungewöhnliche Domizile
Wie wäre es mit einer Übernachtung im Weinfass, in einem alten Bahnhof oder doch lieber in einem historischen Luxushotel?

Mallorca

Vamos a la Playa
Die Partystrände von Palma und S'Arenal sind nicht jedermanns Sache. Aber es gibt tolle Strandalternativen von karibisch-paradiesisch bis wild-romantisch.

Natur pur
Mallorca ist ein Paradies für Wanderer und Radler. Folgen Sie unseren Tourenvorschlägen auf der Lieblingsinsel der Deutschen.

Essen mit Aussicht
Frischer Fisch, ein Glas Wein und Meerblick, die Lieblingsadressen unseres Autors.

www.dumontreise.de

Lieferbare Ausgaben

DEUTSCHLAND
119 Allgäu
092 Altmühltal
105 Bayerischer Wald
120 Berlin
162 Bodensee
121 Brandenburg
175 Chiemgau, Berchtesg. Land
013 Dresden, Sächs. Schweiz
152 Eifel, Aachen
157 Elbe und Weser, Bremen
125 Erzgebirge, Vogtland
168 Franken
020 Frankfurt, Rhein-Main
059 Fränkische Schweiz
112 Freiburg, Basel, Colmar
028 Hamburg
026 Hannover zw. Harz u. Heide
042 Harz
062 Hunsrück, Naheland, Rheinhessen
023 Leipzig, Halle, Magdeburg
131 Lüneburger Heide, Wendland
133 Mecklenburgische Seen
038 Mecklenburg-Vorpommern
033 Mosel
114 München
047 Münsterland
015 Nordseeküste Schleswig-Holstein
006 Oberbayern
161 Odenwald, Heidelberg
035 Osnabrücker Land, Emsland
002 Ostfriesland, Oldenb. Land
164 Ostseeküste Mecklenburg-Vorpommern
154 Ostseeküste Schleswig-Holstein
136 Pfalz
040 Rhein zw. Köln und Mainz
079 Rhön
116 Rügen, Usedom, Hiddensee
137 Ruhrgebiet
149 Saarland
080 Sachsen
081 Sachsen-Anhalt
117 Sauerland, Siegerland
159 Schwarzwald Norden
045 Schwarzwald Süden
018 Spreewald, Lausitz
008 Stuttgart, Schwäbische Alb
141 Sylt, Amrum, Föhr
142 Teutoburger Wald
170 Thüringen
037 Weserbergland
173 Wiesbaden, Rheingau

BENELUX
156 Amsterdam
011 Flandern, Brüssel
070 Niederlande

FRANKREICH
055 Bretagne
021 Côte d'Azur
032 Elsass
009 Frankreich Süden Languedoc-Roussillon
019 Korsika
071 Normandie
001 Paris
115 Provence

GROSSBRITANNIEN/IRLAND
063 Irland
130 London
138 Schottland
030 Südengland

ITALIEN/MALTA/KROATIEN
017 Gardasee, Trentino
110 Golf von Neapel, Kampanien
163 Istrien, Kvarner Bucht
128 Italien, Norden
005 Kroatische Adriaküste
167 Malta
155 Oberitalienische Seen
158 Piemont, Turin
014 Rom
165 Sardinien
003 Sizilien
140 Südtirol
039 Toskana
091 Venedig, Venetien

GRIECHENLAND/ ZYPERN/TÜRKEI
034 Istanbul
016 Kreta
176 Türkische Südküste, Antalya
148 Zypern

MITTEL- UND OSTEUROPA
104 Baltikum
122 Bulgarien
094 Danzig, Ostsee, Masuren
169 Krakau, Breslau, Polen Süden
044 Prag
085 St. Petersburg
145 Tschechien
146 Ungarn

ÖSTERREICH/SCHWEIZ
129 Kärnten
004 Salzburger Land
139 Schweiz
144 Tirol
147 Wien

SPANIEN/PORTUGAL
043 Algarve
093 Andalusien
150 Barcelona
108 Costa Brava
025 Gran Canaria, Fuerteventura, Lanzarote
172 Kanarische Inseln
124 Madeira
174 Mallorca
007 Spanien Norden, Jakobsweg
118 Teneriffa, La Palma, La Gomera , El Hierro

SKANDINAVIEN/NORDEUROPA
166 Dänemark
153 Hurtigruten
029 Island
099 Norwegen Norden
072 Norwegen Süden
151 Schweden Süden, Stockholm

LÄNDERÜBERGREIFENDE BÄNDE
123 Donau – Von der Quelle bis zur Mündung
112 Freiburg, Basel, Colmar

AUSSEREUROPÄISCHE ZIELE
010 Ägypten
053 Australien Osten, Sydney
109 Australien Süden, Westen
107 China
024 Dubai, Abu Dhabi, VAE
160 Florida
036 Indien
027 Israel
111 Kalifornien
031 Kanada Osten
064 Kanada Westen
171 Kuba
022 Namibia
068 Neuseeland
041 New York
048 Südafrika
012 Thailand
046 Vietnam